AF250537

ADMINISTRATION

PROVINCIALE

D'ALSACE.

PRÉCIS DES OPÉRATIONS

DE LA

COMMISSION

INTERMÉDIAIRE PROVINCIALE

D'ALSACE,

JUSQU'AU QUINZE FÉVRIER 1789.

A STRASBOURG,

DE L'IMPRIMERIE DE LEVRAULT,

IMPRIMEUR DE L'ASSEMBLÉE PROVINCIALE.

M. DCC. LXXXIX.

PRÉCIS DES OPÉRATIONS

DE LA

COMMISSION INTERMÉDIAIRE PROVINCIALE

D'ALSACE,

JUSQU'AU QUINZE FÉVRIER 1789.

L E R O I n'ayant pas jugé à propos de convo-
quer les Affemblées provinciales de fon Royaume,
par des motifs qui font généralement connus,
l'adminiftration eft reftée confiée aux Commiffions
intermédiaires.

Celle d'Alface doit au Gouvernement & à fes
concitoyens, elle fe doit à elle-même, le compte

A

de ſes opérations depuis l'époque de ſon établiſſement.

Pour en rendre l'enſemble plus facile à ſaiſir,
elle ſe bornera à indiquer le réſultat des démarches
qui lui ont été preſcrites par l'Aſſemblée provinciale, & de celles que ſon zèle lui a diétées ; elle
rendra compte de l'exécution des travaux qui ont
été confiés à ſa ſurveillance, des nouvelles attributions qu'elle a obtenues, du bien qu'elle eſt parvenue à faire, & de celui qui naîtra du nouvel
ordre qu'elle a établi ; elle détaillera enfin les frais
relatifs à ſon adminiſtration.

La Commiſſion intermédiaire diviſera, pour
cet effet, ſon rapport en ſix parties : Dans la première, elle traitera *du Règlement ;* dans la ſeconde,
du Bien public ; dans la troiſième, *des Forêts
communales ;* dans la quatrième, *des Impoſitions ;*
dans la cinquième, des *Travaux publics ;* & dans
la ſixième, *des Frais d'adminiſtration.*

PREMIÈRE PARTIE.

RÈGLEMENT.

Tous les détails relatifs au règlement se trouvent consignés dans le procès-verbal des séances de l'Assemblée provinciale. La Commission intermédiaire s'est exactement conformée à ses délibérations & aux diverses décisions du Ministère, qu'elle a été obligée de solliciter, & qui, ne concernant que son organisation intérieure, n'offrent rien d'assez intéressant pour trouver place dans ce Précis. Elle croit ne devoir entrer que dans la discussion des motifs qui l'ont forcée à l'établissement des Municipalités ; motifs qu'elle a déduits dans un mémoire adressé aux Ministres, & qui l'ont déterminée à s'écarter des décisions de l'Assemblée provinciale.

La constitution de la province d'Alsace est une des plus difficiles à connoître, parce qu'aucune autre province n'a éprouvé tant de révolutions avant sa réunion à la France. Changeant continuellement de maîtres, pendant plus de quinze siècles, elle n'a jamais été soumise à aucune loi constante : opprimée dans un temps, livrée à l'anarchie dans un autre, il s'y est successivement formé une infinité de petits États qui se sont tous attribué des droits particuliers.

L'interrègne qui a précédé l'élection de Rodolphe à l'Empire, fut une des principales époques de ces désordres ; & lorsque l'Alsace passa sous la domination françoise, elle n'offroit plus qu'un dédale de droits & d'ufages locaux, fondés la plupart fur d'anciennes ufurpations qui fe font perpétuées & accumulées d'âge en âge.

Il y a, dans l'Alface, outre la ville de Strasbourg, dix villes jadis impériales & libres, & quatre villes royales, Enfisheim, Huningue, Brifack & Fort-Louis.

Les autres villes, bourgs & villages de la province avoient & ont encore leurs Seigneurs particuliers. Parmi ceux-ci, il y en avoit d'immédiats ou états d'Empire, d'autres étoient de fimples gentilshommes; & les abbayes exerçoient, en beaucoup de lieux, les droits de fouveraineté.

Mais les mêmes différences qui fe trouvoient entre les droits des Seigneurs, exiftoient auffi entre leurs domaines; de façon que, lorfque le traité de Weftphalie eut confervé aux Seigneurs ci-devant états d'Empire, leur fupériorité territoriale, les domaines qui en dépendoient prétendirent que cette faveur leur étoit commune, & fe perfuadèrent que leurs droits & priviléges étoient inféparables de ceux de leurs maîtres.

Les domaines des fimples gentilshommes, ceux des abbayes & du Clergé qui, fans avoir été immédiats lors de leur réunion à la Couronne, jouiffoient pourtant d'une multitude de prérogatives, formèrent auffi des prétentions plus ou moins fortes, & fe crurent maintenus dans des droits & dans les formes d'une adminiftration dont ils fuppofoient les principes invariables.

C'eft ainfi que toutes les villes avoient des Stettmeftres & des Magiftrats, que la plus chétive bicoque revêtoit fes prépofés de ces titres pompeux , & que la majeure partie des communautés avoit des Adminiftrations rurales, nommées vulgairement *Gerichts*.

Telle étoit la conftitution de la province, lorfque parut le règlement du Roi pour la formation des Municipalités. L'Affemblée provinciale , féduite par l'opinion commune, fuppofa que ces corps de Magiftrats , que ces adminiftrations rurales pouvoient remplir les fonctions que la bienfaifance du Roi avoit attribuées aux Municipalités. Ce motif la guida dans fes arrêtés des 4 & 6 décembre 1787.

Mais la Commiffion intermédiaire ne tarda pas à obferver que ces deux arrêtés étoient en contradiction entre eux , en ce que le premier la chargeoit de recueillir les inftructions néceffaires fur l'objet des Municipalités , remettant à la tenue prochaine de l'Affemblée toute délibération ultérieure , tandis que le fecond ordonnoit, au contraire , l'élection de Syndics qui devoient exercer leurs fonctions dans les communautés , concurremment avec les *Gerichts*.

Aucune de ces déterminations ne rempliffoit les vues du Gouvernement , indiquées par le règlement ; & la Commiffion intermédiaire, forcée de déroger à l'une ou à l'autre , crut d'autant mieux faire, en fuivant exactement les premières volontés du Roi , que le Miniftère infiftoit fur leur exécution (1) , & qu'une réponfe qu'elle avoit reçue à fes

______

(1) Dès le trente janvier 1788 , M. le Contrôleur général avoit écrit à la Commiffion intermédiaire provinciale la lettre fuivante :

„ Je vois, Meffieurs, par les mémoires que m'adreffent différentes Communautés „ & habitans, & par les obfervations qui me font envoyées par quelques-uns de obfervations, lui avoit fait connoître, *que le Conseil avoit penſé qu'il étoit à propos de conſulter l'expérience & d'avoir des réſultats, avant d'autoriſer aucune détermination qui s'éloigneroit des premières intentions de Sa Majeſté.*

„ MM. les Intendans, que, dans pluſieurs généralités, les Aſſemblées municipales
„ des villages & communautés ne font point encore complétement formées.

„ Cette formation de Municipalités étoit cependant le principal objet dont euſſent
„ à s'occuper les Bureaux intermédiaires; & ils le pouvoient d'autant mieux, que
„ dans ces premiers momens ils n'étoient point diſtraits de ce ſoin par beaucoup
„ d'autres occupations.

„ Il eſt donc indiſpenſable, Meſſieurs, que vous veuillez bien fixer ſur cet objet
„ eſſentiel toute l'attention des Bureaux intermédiaires, en leur envoyant une
„ copie de ma lettre. Ils doivent tout employer pour parvenir à ce but : lettres
„ aux Seigneurs, aux Curés, aux particuliers faiſant encore les fonctions de
„ Syndics; tranſport de l'un des Membres des Bureaux intermédiaires dans telle
„ ou telle paroiſſe voiſine du chef-lieu; ou bien invitation à l'un des Membres
„ de l'Aſſemblée, réſidant à peu de diſtance d'une paroiſſe plus éloignée, de ſe
„ rendre lui-même ſur les lieux, pour vérifier les motifs ou les prétextes du
„ retard : aucun moyen enfin ne doit être négligé par les Bureaux intermédiaires,
„ pour accélérer cette opération eſſentielle.

„ Si elle n'étoit point bientôt conſommée, c'eſt-à-dire, ſi toutes les Aſſemblées
„ municipales n'étoient point en activité, les Aſſemblées d'élection ou de département
„ & l'Aſſemblée provinciale ſe trouveroient arrêtées dans leurs opérations ulté-
„ rieures; & il n'exiſteroit plus une véritable organiſation.

„ Vous ne pouvez donc, à cet égard, Meſſieurs, faire trop d'inſtances auprès
„ des Bureaux intermédiaires. Vous voudrez bien leur recommander ſurtout, de
„ faire former & de vous envoyer les états des Municipalités, dont le modèle
„ étoit inſéré dans les inſtructions qui ont été envoyées aux Aſſemblées d'élection
„ ou de département, lors de leurs premières convocations.

„ S'il ſe préſentoit quelque difficulté à réſoudre, les Bureaux intermédiaires
„ vous en donneront connoiſſance, pour que vous puiſſiez leur envoyer ſur le
„ champ les inſtructions néceſſaires; & ſi enfin, parmi leurs queſtions, il s'en
„ trouvoit quelques-unes ſur leſquelles vous deſirâſſiez connoître les intentions
„ du Conſeil, vous voudrez bien en faire former & m'en adreſſer un état à
„ mi-marge, que je vous ferai repaſſer ſur le champ avec les déciſions. „

Toujours zélée pour tout ce qui peut contribuer au bonheur de ſes concitoyens, & remplir les vues du Gouvernement, elle voulut connoître l'organiſation de ces Magiſtratures & de ces Adminiſtrations, la comparer avec celle indiquée pour la formation des nouvelles Municipalités, tirer de ce rapprochement les réſultats qu'il lui importoit d'approfondir, & voir enfin ſi ce nouvel ordre de choſes étoit contraire aux droits & immunités des Seigneurs, villes & communautés de la province, au point d'entraîner la néceſſité de faire, en leur faveur, une exception à la règle générale.

Il a ſemblé à la Commiſſion intermédiaire, que l'eſprit du règlement de formation du 12 juillet 1787 préſentoit ſept principes généraux.

1.º Il veut que les nouvelles Municipalités ſoient compoſées d'un nombre fixe d'individus, proportionné à la population de chaque communauté :

2.º Le concours des trois Ordres :

3.º Le libre choix des habitans payant un certain taux d'impoſitions :

4.º Une uniformité parfaite de principes & d'exécution :

5.º L'attribution de certaines fonctions déterminées :

6.º La régénération des Aſſemblées ſupérieures par les inférieures :

7.º La conſervation des Municipalités établies.

Les villes impériales lui ont paru devoir être rangées dans cette dernière claſſe, par les prérogatives dans leſquelles elles ont été maintenues.

Quant à la conftitution du refte de la province, elle a obfervé qu'elle péchoit prefque partout contre ces principes. Elle a trouvé, dans les villes & les bourgs, des Adminiftrations municipales connues fous le nom de Magiftrats ; dans les campagnes, des Adminiftrations rurales, nommées *Gerichts*.

Ces Adminiftrations préfentent une grande variété, tant dans la compofition que dans la régénération & dans les fonctions des membres qui les compofent.

Quant à la compofition, on trouve partout un Prévôt, Maire, ou Lieutenant d'iceux, appelé en allemand *Stabhalter* ; un nombre indéterminé de Membres connus fous la dénomination de Confeillers, de Magiftrats, de Prépofés, de Jurés, d'Échevins ou d'Afféeurs ; un Receveur des deniers patrimoniaux, vulgairement nommé le Maître-bourgeois ; un Collecteur des deniers royaux ; des Élus & des Juges ruraux.

Quant à la régénération, on remarque que les Prévôts font toujours à la nomination des Seigneurs ; que les Magiftrats, les Confeillers, les Prépofés, les Échevins, les Jurés & les Afféeurs, font à la nomination des Seigneurs, ou au choix des habitans, ou fe régénèrent eux-mêmes ; que le Collecteur, le Receveur, les Élus & les Juges ruraux font prefque toujours nommés par les habitans.

Enfin, quant aux fonctions, il y a encore quelques *Gerichts* & Magiftratures qui ont confervé l'exercice d'une certaine portion du droit de rendre la juftice conjointement avec le Bailli ou le Prévôt ; les Prévôts font feuls chargés de la police, & concourent, pour le refte de l'adminiftration, avec les Membres du Magiftrat ou du *Gericht* ; les fonctions des
Collecteurs

Colleƈteurs & des Receveurs font celles que leur titre indique. Les Élus font les feuls véritables repréfentans de la communauté ; ils affiftent aux délibérations , & leurs fonƈtions font ordinairement de deux ans. Enfin, les Juges ruraux ne font que des efpèces de commiffaires qui ftatuent dans les conteftations qui s'élèvent fur les limites des propriétés de chaque habitant, ou fur le partage des héritages ; & encore ne peuvent-ils exercer de jurifdiƈtion que lorfqu'ils en font requis, & qu'ils ont préalablement prêté le ferment entre les mains du Juge.

Après s'être fait rendre ce compte de la conftitution des Adminiftrations municipales & rurales, la Commiffion intermédiaire a fait des recherches fur les formations particulières que préfentent les villes, bourgs & villages de la province.

Elle en a trouvé de quatre efpèces. Elle a vu :

1.° Les Seigneurs nommer les Membres de l'Adminiftration;

2.° Les Membres de l'Adminiftration fe régénérer eux-mêmes ;

3.° Les habitans avoir le choix des Membres de l'Adminiftration ;

4.° Enfin, des Communautés où il n'y a qu'un Prévôt & des Juges ruraux pour les conteftations, mais point d'Adminiftrateurs.

En comparant ces différentes formations avec le règlement du 12 juillet, elle a obfervé qu'aucune n'étoit conforme aux principes qui y font développés ; quelques-unes s'en rapprochoient affez, d'autres s'en éloignoient tout-à-fait : toutes différoient entre elles, tantôt par le nombre des Membres ,

B

tantôt par le défaut du libre choix des habitans ; l'impoſſibilité d'une régénération légale exiſtoit preſque partout, & pour qu'on pût eſpérer d'obtenir une uniformité dans l'exécution, il falloit commencer par l'établir invariablement dans les principes.

Ces réflexions ont conduit la Commiſſion intermédiaire à ſe perſuader que les villes royales ſemblent exiger l'établiſſement des Municipalités, quoiqu'il s'y trouve déjà des Magiſtrats, parce que ceux-ci ne ſont pas élus dans les formes indiquées ; qu'on ne peut conſidérer les *Gerichts*, ou les Magiſtratures nommées par les Seigneurs, comme de véritables Municipalités ; mais que ce régime peut facilement s'adapter à celles dont les Membres ſont élus par les habitans, ainſi qu'à celles où il n'y a qu'un Prévôt & des Juges ruraux.

Un ſeul motif l'arrêtoit encore : elle craignoit, par l'établiſſement des Municipalités, de compromettre les droits & les immunités des Seigneurs (1) ; & elle ſavoit que pluſieurs d'entre eux, jouiſſant du droit de nommer les Membres du *Gericht* ou de la Magiſtrature, ſe croiroient peut-être fondés à réclamer contre des établiſſemens qui priveroient ces corps de la majeure partie de leurs fonctions. Mais elle a conſidéré que les droits inconteſtables des Seigneurs ſe bornoient à la police intérieure des communautés ; que ce droit leur étoit réſervé dans la perſonne de leurs Prévôts ; qu'ils ne pouvoient avoir, ſur le patrimoine des communautés, qu'une ſurveillance que le Souverain étoit le maître d'attribuer à qui bon

---

(1) Si les grands propriétaires & les Seigneurs veulent examiner cette queſtion par eux-mêmes, ils verront que leurs droits ne ſont pas léſés, & que leurs vaſſaux ſont mis à l'abri du deſpotiſme de leurs officiers.

lui sembloit, & dont ils ne les privoit pas, puisqu'il les mettoit à la tête des Administrations auxquelles il la confioit.

La Commission intermédiaire étoit d'ailleurs pénétrée des réclamations qui se faisoient entendre de toutes parts pour l'établissement des Municipalités, & qui ne la laissoient pas douter du vœu intérieur des communautés, & des avantages qu'elles espéroient d'en retirer.

En conséquence elle a reconnu pour véritables Municipalités toutes celles où le *Gericht*, ou le Magistrat, étoit nommé par les habitans, après avoir fait procéder seulement à l'élection d'un Syndic & des Membres nécessaires pour compléter le nombre indiqué par le règlement, lorsque le cas échéoit, & y avoir installé le Seigneur ou son représentant, & le Curé ou le Ministre du lieu.

Dans les endroits où le *Gericht*, ou le Magistrat, étoit nommé par le Seigneur, dans ceux où il se régénéroit par lui - même, enfin dans ceux où il n'y avoit qu'un Prévôt & des Juges ruraux, la Commission intermédiaire a fait procéder à la formation des Municipalités, conformément aux termes du règlement; en observant de ne pas toucher aux fonctions relatives à la justice & à la police, & en leur prescrivant les bornes dans lesquelles elles devoient se renfermer.

Telle a été la marche que la Commission intermédiaire a cru devoir suivre dans l'opération délicate dont elle étoit chargée. Elle a dû faire exécuter les ordres du Roi, se rendre aux vœux du peuple qui réclamoit l'exécution de ses intentions bienfaisantes, concilier les intérêts généraux & particuliers.

Le fuccès a répondu à la droiture de fes vues. Les Diftricts de Colmar, Béfort, Huningue & Séleftadt confidèrent les Municipalités comme une partie effentielle de l'Adminiftration; ceux de Haguenau & de Wiffembourg indiquent des modifications, peut-être difficiles à concilier : mais tous fe réuniffent pour en reconnoître l'utilité.

On ne peut fuppofer à la Commiffion intermédiaire le defir de choquer l'opinion publique ; mais elle ne peut regarder comme fa voix les clameurs de quelques perfonnes intéreffées à la confervation de l'ancien régime. Les mauvais choix qu'ont faits quelques communautés, les excès auxquels plufieurs Syndics fe font portés, ne paroiffent pas être des motifs fuffifans pour profcrire les Municipalités. Devenues plus fages par l'expérience qu'elles auront acquife, les Communautés apprécieront à l'avenir les fujets qu'elles voudront choifir ; elles apprendront à préférer l'homme dont la conduite prudente méritera leur confiance, à celui dont l'efprit de chicane, qu'elles auront pris pour l'efprit des affaires, les aura d'abord féduites ; & le calme fe rétablira partout, lorfqu'elles auront pu juger du véritable but des établiffemens que la bienfaifance du Roi leur a accordés.

Les avantages fenfibles qu'on en retire dans une grande partie de la province, prouvent leur utilité. Partout où les Baillis de juftice & de département ont des intentions droites, où les *Gerichts* étoient bien compofés & les Prévôts honnêtes, elles n'ont fouffert aucunes difficultés ; & le réfultat de leurs opérations a été une économie réelle dans l'adminiftration des revenus patrimoniaux.

ÉTATS PROVINCIAUX.

La Commiſſion intermédiaire doit compte à la province du vœu qu'elle a formé en ſon nom, pour obtenir des États provinciaux librement élus.

Les principes avancés par pluſieurs corps iſolés de l'Al-ſace, ne lui ont pas permis de laiſſer croire au Gouvernement, par ſon ſilence, que la demande des villes impériales fût celle de la province entière. En arrêtant l'effet des prétentions particulières, elle a voulu laiſſer à ſes concitoyens le temps de peſer leurs intérêts : elle a penſé qu'en ſollicitant, de la bonté du Roi, des États provinciaux ; qu'en le ſuppliant de permettre que tous les Membres en fuſſent élus librement par les différens Ordres , ſans diſtinction de perſonne ; que la confiance fût le ſeul titre pour y parvenir, & que ces mêmes principes fuſſent admis pour ſa repréſentation aux États généraux du royaume , elle ne riſquoit pas de compromettre l'intérêt général.

L'alliage des formes anciennes avec les nouvelles, lui a paru incompatible. Tout ce qui tient à la féodalité porte un caractère de ſervitude inadmiſſible dans une ſociété bien conſtituée ; & la Commiſſion intermédiaire auroit cru trahir ſes devoirs envers ſes concitoyens , en n'inſiſtant pas avec énergie ſur une liberté pleine & entière dans le choix de leurs Repréſentans, de laquelle ſeule doit dépendre la proſpérité publique.

Dans ſa délibération du 5 décembre elle a établi les baſes d'après leſquelles elle a cru devoir ſolliciter l'établiſſement des États provinciaux en Alſace. Après qu'elle eut arrêté ſes repréfentations à cet égard, MM. les Procureurs-fyndics pro-vinciaux, M. Hell portant la parole, ont dit:

» MESSIEURS,

» La faveur que paroît prendre le projet de compofer les
» États généraux, dont la convocation eft fixée au mois de
» janvier prochain, à l'inftar de ceux tenus en 1614, caufe
» au Tiers-état des inquiétudes d'autant mieux fondées, que
» la repréfentation qui lui eft accordée feroit nulle fous
» la prépondérance des deux premiers Ordres du royaume.

» Pleins de confiance en votre patriotifme, nous avons
» l'honneur, Meffieurs, de vous expofer fes craintes, & de
» réclamer vos bons offices près du Roi & de fon Confeil,
» pour en obtenir une repréfentation analogue à celle que
» Sa Majefté lui a accordée dans les Affemblées provinciales,
» qu'elle vient d'accorder pour les États du Dauphiné, &
» que vous follicitez vous-mêmes d'après votre vœu pour la
» compofition des États provinciaux d'Alface.

» Le Tiers-état de cette province, qui n'a ceffé de fe
» diftinguer par fa fidélité & fon zèle pour le fervice du
» Roi (1), & en fupportant fans murmure prefque tout le
» poids des charges publiques, efpère avec confiance que les
» deux premiers Ordres fe réuniront à lui, pour folliciter de
» Sa Majefté une repréfentation fondée fur la juftice. »

---

(1) Lorfque le Prince Charles de Lorraine menaçoit de paffer le Rhin au mois de feptembre 1743, plus de 20000 payfans Sundgauyens y accoururent, & défendirent nos bords.

Sur quoi MM. les Députés du Tiers-état ont préfenté leur adhéfion dans la forme fuivante.

» Nous, les Repréfentans du Tiers-état à la Commiffion
» intermédiaire provinciale d'Alface, fur le vu des réquifitions
» de fon Procureur-fyndic, auquel nous nous joignons,
» juftement alarmés pour notre Ordre de la réclamation,
» faite par le Parlement de Paris, des formes des États géné-
» raux de 1614 pour la formation de ceux qui vont être
» convoqués, & de fon vœu réitéré par le premier Préfident
» de cette Cour à l'affemblée des Notables : confidérant que
» cette forme préfente une repréfentation du Tiers-état défec-
» tueufe & injufte fous tous les rapports, & qu'en ne lui
» donnant pas un nombre de repréfentans égal à celui des
» deux premiers Ordres réunis, c'eft contrarier la forme
» déterminée par Sa Majefté pour la formation des Affemblées
» provinciales & des États provinciaux rétablis en Dauphiné;
» c'eft dénaturer une conftitution dont l'utilité tient à l'uni-
» formité, & dont l'avantage pour la nation dépend d'une
» proportion relative & équitable de repréfentation entre les
» intéreffés; c'eft mettre le Tiers-état à la merci de deux
» Ordres privilégiés, qui, ayant un même intérêt à défendre,
» peuvent ne chercher qu'à perpétuer les charges qui l'acca-
» blent, & qui font d'autant plus fortes, qu'il a à remplacer
» à l'État les diminutions de revenus que caufent les exemp-
» tions des deux premiers Ordres. Vingt-trois millions d'in-
» dividus, qui fupportent les trois quarts des charges en tout
» genre, ont fans doute droit à partager avec un million de
» privilégiés la repréfentation dans l'Affemblée nationale. Ce

» feroit bien péu connoître la Nobleſſe françoiſe, que de
» lui prêter un refus de faire des ſacrifices à l'État ; elle a
» donné dans tous les temps trop de preuves de ſon dévoue-
» ment & de ſon amour pour ſon Roi & ſa patrie, pour
» oſer le penſer. Mais le Tiers-état n'en a pas moins à
» craindre qu'elle ne veuille ſoutenir des priviléges qui doi-
» vent céder aux circonſtances, & que des honneurs & des
» prérogatives doivent remplacer. La même crainte a lieu à
» l'égard du Clergé, qui, malgré ſon patriotiſme, peut vou-
» loir inſiſter ſur ſes immunités : la différence provoquée entre
» la forme des États provinciaux & celle des États généraux,
» qui en doit être le réſultat, préſenteroit un vice de conſti-
» tution, qui ne peut être fondé ſur aucun motif. Seroit-ce
» à raiſon des différens objets qui pourront être ſoumis à
» la délibération des États ? Il n'en eſt aucun qui n'intéreſſe
» auſſi eſſentiellement le Tiers-état que les deux premiers
» Ordres. Impoſitions : il en ſupportera toujours la plus
» grande part ; liquidation des dettes de l'État : ſes facultés
» ſeront employées à en éteindre la plus grande partie ; ad-
» miniſtration : les lumières & l'expérience de beaucoup de
» ſes individus ne le cèdent à aucun Ordre ; réforme d'abus :
» il y eſt ſeul en but ; conſidération ſur l'état de la Magiſ-
» trature : il y eſt le plus intéreſſé ; finances : elles ont tou-
» jours été régies par une partie de ſes membres ; économie :
» ſa ſituation la lui fait aſſez connoître ; défenſe du Royaume :
» ſon ſang eſt toujours prêt à couler pour le ſervice du Roi
» & de l'État, & la plus grande partie de l'armée eſt com-
» poſée des individus de cet Ordre.

» Le

» Le vœu du Parlement de Paris préfente des entraves
» aux délibérations des États : le bien général pourra en fouf-
» frir, ou du moins en être retardé.

» En conféquence de motifs auffi puiffans, nous avons
» cru de notre devoir de réclamer, pour l'Ordre que nous
» repréfentons en cette province, contre un vœu auffi con-
» traire à fes intérêts & à la jufte proportion de la repré-
» fentation, eu égard au nombre des individus & à la force
» de leurs contributions ; lui réfervant toutes repréfentations
» à cet égard, & fuppliant la juftice & la bonté de Sa Ma-
» jefté de vouloir bien prendre en confidération fes droits,
» fes motifs & fon amour inaltérable pour fon Roi & fa
» patrie.

» Nous demandons que notre préfent vœu foit porté dans
» les regiftres ; & prions M. le Préfident d'en adreffer,
» fans retard, une expédition à M. le Directeur des finances,
» pour être mis fous les yeux du Roi. «

Après en avoir délibéré, la Commiffion intermédiaire a
arrêté :

Que le Procureur-fyndic provincial du Tiers-état, ayant
préfenté un réquifitoire pour demander au Gouvernement
la repréfentation du Tiers-état, aux États généraux, dans
une proportion égale à celle des deux autres Ordres ;

Que le Clergé & la Nobleffe, ayant adopté cette même
proportion dans l'Affemblée provinciale, la follicitant dans
la formation des États provinciaux, ne peuvent que joindre

leur vœu à celui du Tiers-état , & folliciter avec lui une demande qui leur paroît fondée fur l'équité.

Qu'en conféquence le vœu du Tiers-état feroit envoyé au Gouvernement au nom des Repréfentans des trois Ordres , compofant la Commiffion intermédiaire.

Le réfultat du Confeil du 27 décembre 1788 ayant fait connoître que les vœux du Tiers-état avoient été agréés par le Gouvernement, les Membres de cet Ordre faifant partie de la Commiffion intermédiaire, ont témoigné leur reconnoiffance à M. Necker dans la lettre fuivante :

» MONSIEUR,

,, Notre qualité de Repréfentans du Tiers-état d'Alface ne
» nous a jamais été plus chère que dans ce moment, où ,
» organes de notre Ordre, nous pouvons préfenter à Sa Majefté
» l'hommage de fon amour, de fon refpeét & de fa recon-
» noiffance.

» Les vœux de la Nation vont être comblés : elle eft rap-
» pelée à l'exercice de fes droits , dans une proportion équi-
» table entre les trois Ordres , & la confiance va refferrer
» tous les liens qui uniffent les fujets les plus fidèles au Sou-
» verain le plus chéri.

» Pénétré de tous les fentimens de fidélité , de foumiffion
» & d'attachement, le Tiers-état d'Alface vous prie, Mon-
» fieur, de ne point laiffer ignorer à Sa Majefté , combien
» il eft touché des nouveaux aétes de juftice & de bonté ,
» que le réfultat du rapport fait à fon Confeil lui annonce.

» Il attend l'époque heureuse & tant defirée où il fe trou-
» vera à même de faire connoître combien la gloire du Roi
» & de l'État lui eft chère.

» L'acquiefcement que les Membres des deux premiers
» Ordres de la province ont donné à la demande du Tiers,
» lors de fa réclamation pour obtenir une repréfentation
» égale à celle du Clergé & de la Nobleffe réunis, ne laiffe
» pas de doute fur l'harmonie qui règnera dans la difcuffion
» des intérêts réciproques. »

SECONDE PARTIE.

BIEN PUBLIC.

LE bien public a été le motif de la création des Affemblées provinciales ; il doit être le but de toutes leurs opérations.

Mais ce n'eft que fucceffivement que ce bien peut s'opérer ; ce n'eft que par la combinaifon d'une multitude de réformes avantageufes qu'une province entière peut commencer à en reffentir les effets.

Par l'économie que les Municipalités ont mife dans l'adminiftration des revenus des communautés, celles-ci éprouvent déjà les avantages de ce nouveau régime ; elles s'étonnent de voir leurs revenus fuffire à leurs dépenfes, & fouvent les excédens leur offrir une reffource qu'elles n'avoient jamais connue.

Une répartition des impofitions, plus jufte & plus proportionnée aux véritables facultés, fera bientôt jouir les individus des avantages que reffentent les communautés entières. La réduction des exemptions établira cette harmonie qui ne naît que de l'égalité, & de la perfuafion où font les contribuables que les charges qu'ils fupportent leur font communes avec tous leurs concitoyens.

La furveillance active, exercée fur les forêts communales, empêchera les dégradations fi fréquentes qui s'y commettent ; & des règlemens, dictés par les circonftances & les locali-

tés, amélioreront bientôt cette portion ſi précieuſe du patrimoine des communautés.

L'éducation publique à perfeƈtionner, l'agriculture à favoriſer,
le commerce à protéger , la mendicité à détruire , offrent
encore un vaſte champ aux ſpéculations. Les moyens d'y
parvenir ne peuvent être diſcutés & adoptés que par la
province réunie. Les travaux des Diſtriƈts, ceux de la Commiſſion intermédiaire , pourront jeter quelques lumières ſur
ces matières ; mais elle a cru que leur influence ſur la proſpérité publique étoit trop immédiate , pour que ſes pouvoirs
puſſent l'autoriſer à prendre une détermination quelconque.

Pénétrée de l'alarme qu'elle voyoit univerſellement répan-
due dans la province, relativement au reculement des bar-
rières , projeté, aux frontières du royaume, la Commiſſion
intermédiaire a cru néceſſaire de recueillir toutes les obſer-
vations que la diſcuſſion de cette queſtion pouvoit faire naître.
Elle a voulu raſſembler les diverſes opinions , pour les ſou-
mettre, comme un tribut de ſon zèle , aux Repréſentans de
la province. C'eſt dans cette intention qu'elle a publié un
programme, dans lequel elle a invité tous les citoyens de
lui faire part de leurs lumières. Un grand nombre de mémoires lui ont été adreſſés , & elle peut ſe flatter que le réſultat de ſon travail ſera auſſi lumineux que les motifs en
ſeront frappans.

TROISIÈME PARTIE.

FORÊTS COMMUNALES.

L'ADMINISTRATION des forêts communales a été un des objets qui ont fixé l'attention de l'Affemblée provinciale. Elle a fenti l'influence qu'une furveillance patriotique pourroit avoir fur une partie auffi effentielle des propriétés de l'Alface, & a chargé la Commiffion intermédiaire de folliciter du Gouvernement la réunion de cette branche d'adminiftration, en développant tous les avantages que la province en efpéroit.

La Commiffion intermédiaire a chargé M. le Bailli de Flachslanden de fuivre, pendant fon féjour à Paris, les erremens qui lui avoient été tracés.

Le Gouvernement, convaincu de la juftice de fes réclamations, a donné une réfolution provifoire dont M. Lambert a fait part à la Commiffion intermédiaire, par fa lettre du 5 juillet 1788, dont fuit l'extrait :

» Le Roi n'a rien voulu changer à l'ordre actuellement
» fubfiftant, fous le rapport du contentieux, & Sa Majefté
» defire que l'Affemblée provinciale s'occupe lors de fa pro-
» chaine convocation, de préfenter, fur cet objet, fes vues & fes
» obfervations ; & en attendant, M. l'Intendant continuera de
» connoître du contentieux, & de prononcer fur les délits.

» A l'égard de l'adminiftration, police & direction des
» forêts & bois communaux, dans toute l'étendue de la
» province & îles du Rhin, elle fera exercée par le con-
» cours de l'Affemblée provinciale, de celles de Diftricts,

» & enfin des Municipalités. Sa Majefté n'en a excepté ,
» pour le moment, que les forêts appartenantes aux villes,
» qui continueront d'être fous l'adminiftration de M. l'In-
» tendant, jufqu'au règlement qu'elle fe propofe de rendre
» inceffamment fur l'adminiftration des revenus des villes, &c. »

Le Miniftre paffoit enfuite aux détails relatifs à l'adminiftration , & annonçoit avoir mandé à M. l'Intendant de faire
remettre à la Commiffion intermédiaire un état des noms,
qualités, grades & attributions de toutes les perfonnes employées jufqu'à préfent à la régie & adminiftration des bois
communaux , pour, fur l'examen de cet état & le compte
qui en fera rendu à l'Affemblée provincale, être, par cette
Affemblée, propofé à Sa Majefté ce qu'elle croira plus utile
aux intérêts de la province.

Enfin Sa Majefté vouloit que les comptes des Caiffiers
foreftaux fuffent arrêtés par M. l'Intendant, & le reliquat ,
ainfi que les extances, verfé dans la caiffe des revenus patrimoniaux de chaque communauté.

Aucune des injonctions faites par le Gouvernement à
M. l'Intendant, n'a été effectuée , fous le prétexte qu'une
lettre miniftérielle (1) ne pouvoit pas détruire un Arrêt d'attribution, donné par le Confeil. Toutes les demandes de la
Commiffion intermédiaire font reftées fans réponfe. Une
grande partie des fubordonnés a refufé d'obéir à fes ordres;

____

(1) L'Alface doit defirer que les lettres miniftérielles perdent de l'influence
illégale qu'elles ont eue jufqu'à préfent dans cette province ; mais l'on doit être
étonné que M. l'Intendant , auquel elles ont fuffi pour affeoir des impofitions ,
accorder des traitemens, des penfions & d'autres charges oppreffives , ne réclame
contre leur légalité que lorfqu'elles tendent à le dépouiller d'une adminiftration
que fes prédéceffeurs ont fucceffivement ufurpée fur les propriétaires.

quelques communautés, ne fachant à qui entendre, ont profité de cette anarchie pour commettre des excès dont on a rejeté le blâme fur la nouvelle Adminiftration, comme fi elle avoit eu le pouvoir de les réprimer.

Cependant les communautés effrayées ont toujours fous les yeux la maffe énorme des amendes accumulées depuis dix ans, fufpendue comme un glaive prêt à les frapper. M. l'Intendant paroiffoit difpofé à en prononcer la remife, & la province ne peut fe difpenfer de la folliciter; mais fes fubalternes ont quelquefois fait exécuter avec la plus grande rigueur des amendes arriérées, pour faire fentir d'autant plus durement le joug de la dépendance.

La Commiffion intermédiaire a ordonné aux Infpecteurs de lui donner communication des nouvelles amendes prononcées, pour en faire pourfuivre l'exécution par fes Procureurs-fyndics, afin qu'une trop longue impunité ne favorife pas les délits; mais la plupart n'y ont pas obtempéré, & elle fe voit hors de mefure, par les obftacles qu'on lui oppofe, de mettre, dans cette partie d'adminiftration, l'ordre qu'elle defireroit y faire régner.

Après avoir pris toutes les précautions qui ont été en fon pouvoir, pour arrêter les dévaftations & les délits, elle fe verra forcée d'invoquer l'autorité, & d'ufer de févérité envers les employés actuels, pour leur faire refpecter fa furveillance & leurs devoirs (1).

---

(1) La Commiffion intermédiaire vient de renouveler fes inftances, pour obtenir de la juftice du Roi que le contentieux fût rendu aux villes & Seigneurs, & l'on peut fe flatter que le vœu de la province, établi fur les raifons les plus péremptoires, ne fera point rejeté.

QUATRIÈME

QUATRIÈME PARTIE.

IMPOSITIONS.

ÉPIS DU RHIN.

Depuis plusieurs années la province a contribué, sur trois mandemens différens, aux épis militaires du Rhin. L'imposition primitive de 30,000 livres faisoit partie des acceſſoires de la ſubvention; uniforme depuis 1747, elle ſembloit devoir être enviſagée comme un abonnement fixe & repréſentatif de la contribution des habitans de l'Alſace aux épis conſtruits le long du Rhin pour la défenſe de leurs propriétés. Cependant on chargea bientôt le rôle des fourrages d'une ſomme qui excédoit quelquefois 40,000 livres, pour les ouvrages d'épis exécutés aux environs de Strasbourg; & depuis une vingtaine d'années on comprit, dans l'état des frais communs généraux de la province, la dépenſe de ceux conſtruits aux environs des trois autres places fortes, ſituées ſur le Rhin, qui, dans les dernières années, s'eſt élevée au-delà de 300,000 livres. Enfin les 30,000 livres, perçues avec la ſubvention, finirent par être verſées au tréſor royal, & la province continua néanmoins à payer la totalité des ouvrages qui s'exécutoient.

Conformément à la miſſion qu'elle en avoit reçue de l'Aſſemblée provinciale, la Commiſſion intermédiaire s'empreſſa de ſolliciter la ſuppreſſion de cet impôt, & ſupplia Sa Majeſté de faire jouir la province des avantages qu'une ſage économie

D

dans l'exécution des travaux mis à fa charge pourroit lui procurer, & de déterminer, par des bafes invariables, ceux des ouvrages qui doivent être exécutés au compte du Roi, & ceux que la province doit feule fupporter.

M. le Comte de Brienne, qui s'eft diftingué pendant fon miniftère par l'équité la plus exacte, nomma une Commiffion compofée du Commandant & de l'Intendant de la Province, du Directeur du Génie, & de la Commiffion intermédiaire, qu'il chargea de claffer les différentes natures de travaux d'épis & de digues à conftruire fur la rive gauche du Rhin, pour lui en rendre compte.

Après plufieurs conférences tenues fur ces objets, on convint de divifer les ouvrages d'épis en trois claffes, quant à la dépenfe.

La première claffe devoit comprendre ceux qui s'exécuteront & feront entretenus aux frais feuls de Sa Majéfté, puifqu'ils tiennent aux fortifications des quatre places de guerre fituées fur le Rhin.

On rangea dans la feconde claffe les travaux qui, par l'utilité réciproque & commune dont ils font, tant pour lefdites fortifications que pour la confervation des propriétés riveraines, doivent être déterminés concurremment avec le corps royal du Génie, & cependant conftruits & entretenus aux dépens de la province, à moins qu'ils ne foient uniquement militaires, auquel cas le Roi devoit en faire feul les frais.

On mit enfin dans la troifième claffe toutes les parties intermédiaires qui ne font d'aucune utilité immédiate pour lefdites fortifications, & qui devoient être projetées, dirigées, conftruites & entretenues aux frais feuls de la province.

On procéda en conséquence à la démarcation des parties
rangées dans ces trois claffes, & l'on fit un projet de règlement pour les adjudications, ainfi que pour la fourniture
& le prix des fafcines. Mais la province reftant feule chargée
des dépenfes relatives aux travaux de la feconde claffe,
quoiqu'ils n'aient pas moins pour objet la confervation des
places de guerre que celle des propriétés riveraines, on
s'accorda unanimement à établir qu'il étoit de la juftice du
Roi d'accorder à la province, en dédommagement de ce
facrifice, la remife de l'impofition des 30,000 liv.

Le Miniftre de la guerre ayant approuvé les principes
pofés dans ces conférences, le corps royal du Génie vient
de recevoir l'ordre d'exécuter, aux frais du Roi, les ouvrages
de la première claffe, tant à Strasbourg, qu'au Fort-Mortier
& au Fort-Louis; & la Commiffion intermédiaire a ftipulé
provifoirement pour les propriétaires des îles qui doivent
fournir les fafcines néceffaires, conformément aux ordonnances, à raifon de 10 liv. 10 fous le cent, tant pour le
toccage que pour la façon & le tranfport à bord des îles.
Elle fe perfuade que, fi le fervice du Roi fe trouve allégé
par la modicité du prix, les propriétaires trouveront d'un
autre côté des avantages dans la facilité de l'exploitation
par leurs propres ouvriers, & la ceffation des vexations
odieufes que les fous-traitans des entrepreneurs y avoient exer-
cées jufqu'ici.

Le Miniftre de la guerre, après avoir donné un avis fa-
vorable fur les demandes & les offres de la Commiffion
intermédiaire, a renvoyé le procès-verbal des conférences

au Directeur-général des finances, qui s'est chargé de le mettre sous les yeux du Roi ; & M. Necker vient de faire part à la Commission intermédiaire que Sa Majesté a approuvé la suppression de l'imposition de 30,000 liv. qui ne sera dorénavant plus comprise dans aucun mandement.

VINGTIEMES.

L'ASSEMBLÉE provinciale ayant pris en considération la demande faite par le Gouvernement, au sujet de la fixation des Vingtièmes, a pensé que cette imposition n'étoit susceptible d'augmentation, qu'autant qu'elle acquerroit un plus grand nombre de contribuables qui y seroient assujettis. En la faisant porter sur l'universalité des propriétés de la province, & en y comprenant même les domaines de la Couronne, ceux des Princes étrangers possessionnés en Alsace & généralement toutes les terres considérées jusqu'à présent comme exemptes, elle s'est convaincue, par l'évaluation la plus rigoureuse, que le montant des Vingtièmes & 4 sous pour livre, actuellement assis sur la province, ne pourroit être forcé que d'un sixième ; ce qui porteroit, pour l'avenir, le total de cette imposition à la somme de 1,121,072 liv. 6 sous, au lieu de celle de 960,919 liv. 2 sous 8 d. (1) à laquelle elle se monte aujourd'hui.

Le Gouvernement avoit proposé à l'Assemblée provinciale un abonnement de 1,711,000. L'Assemblée provinciale, per-

_____

(1) C'est par erreur que, dans le procès-verbal des séances de l'Assemblée provinciale, on a porté le montant des Vingtièmes & 4 sous pour livre à 955,605 liv.

fuadée que les fujets du Roi feroient dans l'impoffibilité d'acquitter une impofition qui furpaffoit autant leurs véritables
facultés, a fait des remontrances au Miniftre & a chargé fa
Commiffion intermédiaire d'en pourfuivre l'effet.

La Commiffion intermédiaire, en partant des bafes qui
avoient été fixées par l'Affemblée provinciale, a invité M. le
Bailli de Flachslanden de folliciter un abonnement qui fût
plus proportionné aux facultés des habitans de l'Alface.
L'équité du Roi, les intentions droites du Miniftère, appla-
nirent bientôt les difficultés qui paroiffoient devoir fe ren-
contrer, & Sa Majefté accorda à la province un abonnement de 1,324,400 liv., dans lequel étoit comprife la fomme
de 176,085 liv. faifant le montant des penfions & traitemens
fur la province, dont l'Affemblée provinciale avoit demandé
la fuppreffion ou au moins l'extinction fucceffive, & les
deniers de taxation des Receveurs généraux & particuliers,
que le Roi prenoit à la charge du tréfor royal.

Cette fomme n'outre-paffant pas l'offre d'un fixième en fus,

En voici les détails :

La province paie	725,000 l.	
La ville de Strasbourg, par abonnement,	127,006	
Le Clergé de la baffe Alface	39,452	10 f. —
Le Clergé de la haute Alface . . .	63,333	12 8 d.
Le Clergé de l'évêché de Spire . .	5,610	
Et le chapitre de Sainte-Urfanne . . .	517	

Somme égale à celle indiquée ci-deffus. 960,919 l. 2 f. 8. d.

faite par l'Affemblée provinciale (1), & Sa Majefté ayant bien voulu agréer les claufes demandées par la province, la Commiffion intermédiaire crut pouvoir provifoirement y accéder en fon nom.

Les principes adoptés pour le nouvel abonnement , exigeoient un cadaftre. La Commiffion intermédiaire ne fe diffimula aucune des difficultés qu'elle auroit à effuyer ; mais voulant pouvoir juftifier des efforts qu'elle avoit faits , elle en pofa les premières bafes , d'après les règles que l'Affemblée provinciale lui avoit prefcrites.

Les lettres du Miniftre lui paroiffant infuffifantes pour une opération qui contrarioit les intérêts de tous les privilégiés, elle follicita un arrêt du Confeil, qui l'autorifât à demander des déclarations. Elle ignore les motifs qui en ont retardé

---

(1) Le nouvel abonnement eft réglé à la fomme de . . 1,324,400 l.

L'enfemble des précédens abonnemens s'élevoit à la fomme de 960,919 l. 2 f. 8 d.

L'augmentation du fixième, offerte par l'Affemblée provinciale , eft de 160,153   3   4

Les traitemens & penfions , retirés de l'impofition des fourrages, & pris à la charge du tréfor royal, fe montent à . . 176,085

TOTAL . . . . . 1,297,157 l. 6 f. » d.

A cette fomme il faut ajouter les taxations des Receveurs généraux & particuliers, que le Roi fe charge d'acquitter, qui, à raifon de 5 den. pour liv., font 27,024   2   1

TOTAL de la fomme à laquelle l'abonnement eft dans le cas de s'élever . . . . 1,324,181 l. 8 f. 1 d.

Par conféquent l'abonnement accordé n'excède les offres faites , que de . . . . 218 l. 11 f. 11 d.

l'expédition, puisqu'il n'étoit que la conséquence nécessaire de l'abonnement déterminé.

Les oppositions qu'on mit de toutes parts aux dispositions de la Commission intermédiaire, la forcèrent de demander la suspension de l'abonnement jusqu'au premier janvier 1789, & la lettre de M. Necker, du 18 octobre, en remit l'exécution jusqu'après l'assemblée générale de la Nation.

La province réunie insistera sans doute sur la nécessité des déclarations des possessions de tous les propriétaires privilégiés; & s'il en est qui aient des droits pour être exemptés de l'imposition, Sa Majesté a promis de tenir compte aux autres contribuables de toutes les décharges qu'Elle accorderoit (1).

PÉPINIERES.

LE vœu général de la province, qui a reconnu l'inutilité des pépinières, sembloit assurer leur suppression. M. l'Intendant, ayant été consulté sur cet objet, a cru entrevoir dans leur établissement un degré d'utilité, qu'il seroit difficile de prouver. Comme c'est une dépense intérieure, il est probable

____

(1) Dans la Lettre de M. Lambert du 16 juillet 1788 il est dit expressément:

„ Sa Majesté m'a autorisé à vous marquer, Messieurs, qu'Elle prenoit l'engage-
„ ment de n'accorder aucune exemption pour les biens appartenans à son domaine,
„ les forêts domaniales, les biens de l'ordre de Malte & de l'ordre Teutonique,
„ ceux des hôpitaux, ceux des propriétaires de fonds dans les bailliages contestés,
„ ceux des Princes du sang, & enfin pour les biens ecclésiastiques, qui seront
„ compris, comme les autres, dans les rôles de chaque communauté ; & que,
„ dans le cas où aucuns de ces objets seroient exemptés de l'imposition ou retirés
„ des rôles de la province, il lui en sera tenu compte sur le montant de son
„ abonnement réglé à 1,324,400 livres. „

que le Gouvernement, mieux informé, laiffera à la province la liberté de fupprimer une charge, peu confidérable en elle-même, mais fuperflue fous tous les rapports.

SOLDE DE MILICE, ABONNEMENT DES DROITS SUR L'AMIDON, REMBOURSEMENT DES OFFICES.

LA Commiffion intermédiaire n'a pas négligé de mettre fous les yeux du Gouvernement les réclamations que l'Affemblée provinciale a cru devoir faire fur ces trois impofitions, mais elle n'a encore obtenu aucune décifion qui y fût relative.

FOURRAGES.

CETTE impofition, modique dans fon origine, a pris fucceffivement des accroiffemens fi effrayans par tous les acceffoires dont elle a été chargée, qu'elle eft devenue la plus forte des contributions de la province.

La Commiffion intermédiaire, conformément au vœu de l'Affemblée provinciale, a cherché à la réduire dans les bornes que fon inftitution primitive fembloit prefcrire.

La fomme deftinée à l'entretien des haras, objet d'une dépenfe annuelle de 60,000 livres, a été impofée en 1788, & s'impofera dorénavant avec les frais communs généraux. Les traitemens & penfions affectés fur la province, & qui devoient faire partie de l'abonnement des vingtièmes, ont été également compris dans cette impofition. Enfin les dépenfes relatives aux chemins, ponts & chauffées, fe perçoivent fur le produit de l'impôt repréfentatif de la corvée.

Par

Par cette opération, cette impofition fe trouve réduite aux feuls fourrages que la province doit fournir aux régimens de cavalerie qui y font en garnifon.

La Commiffion intermédiaire follicita de la juftice du Miniftère des adouciffemens à cette charge, & la certitude que, reftreinte à des bornes fixes, cette impofition ne pût plus être augmentée arbitrairement, furtout par des indemnités énormes, accordées aux Entrepreneurs fous prétexte de pertes momentanées, fans qu'ils tinffent compte des bénéfices dont ils jouiffoient dans d'autres circonftances.

Elle demanda auffi une augmentation de contribution de la part du Roi, de deux fous & demi par ration, que l'exemple d'autres provinces conquifes fembloit devoir lui faire accorder ; mais le Miniftre de la guerre la renvoya à celui des finances, & les embarras, furvenus au Gouvernement pendant cette négociation, ne lui ont pas encore permis de s'occuper de cette affaire.

Cependant M. le Comte de Brienne, defirant fouftraire la province à l'arbitraire de cette impofition, & la réduire à une charge fixe, dont les circonftances ne feroient pas varier la quotité, a propofé un abonnement à la Commiffion intermédiaire, par lequel le nombre des régimens auroit été déterminé, & la contribution de la province fixée à 10 fous par ration. Elle ne crut pas pouvoir accéder à un arrangement auquel elle n'avoit pas été autorifée, & fe réferva de foumettre ces propofitions à l'Affemblée de fes commettans.

E

HARAS.

L'ASSEMBLÉE provinciale a follicité la fuppreffion de cet établiffement ; tous les Diftricts fe font accordés à penfer que les avantages que la province en retire, ne font pas proportionnés à la dépenfe qu'il occafionne. La Commiffion intermédiaire a remis fon vœu fous les yeux du Miniftère, & le Gouvernement ne paroiffant pas difpofé à le détruire entièrement, elle a fupplié le Roi de remettre à la province la difpofition des 60,000 liv. qui y font deftinés, pour être employées à tous les objets d'utilité de ce genre.

M. Necker vient de lui faire connoître que Sa Majefté l'autorifoit à lui annoncer qu'Elle » confent à ce que l'emploi » de l'impofition de 60,000 liv. dont il s'agit, foit remis à » fa difpofition ; Elle l'autorife, en conféquence, de fe faire » remettre par le fieur de Bouchiat, précédent Directeur de » l'établiffement des haras, les derniers comptes de l'emploi » de ces fonds, & tous les renfeignemens qui lui feront né- » ceffaires fur la fituation actuelle de ce fervice. Je marque » à M. l'Intendant, continue M. Necker, de faire connoître » à ce Directeur les intentions de Sa Majefté, pour qu'il » vous mette fur-le-champ à portée de fuivre déformais par » vous-mêmes tous les détails relatifs à cet objet d'adminif- » tration.

» Le fieur Bouchiat demande qu'il lui foit accordé, à » raifon de fes fervices, une indemnité à laquelle il feroit » pourvu fur les fonds de la province. Vous avez reconnu, » Meffieurs, la juftice de cette indemnité, & je vous prie » de me faire connoître votre façon de penfer fur la quo-

» tité de la retraite qu'il vous paroîtroit convenable d'accorder
» au fieur Bouchiat, pour que Sa Majefté puiffe y donner fon
» approbation.

» Il fera également néceffaire que vous veuilliez bien me
« faire connoître inceffamment de quelle manière vous vous
» propofez d'employer le furplus du fonds dont vous aurez
» à difpofer. Sa Majefté confent à ce qu'il foit deftiné en
» partie à la propagation des plus belles efpèces de beftiaux,
» & à d'autres encouragemens pour l'agriculture. Ces dif-
» férentes deftinations font d'un fi grand intérêt pour la prof-
» périté de la province, que l'Affemblée provinciale recon-
» noîtra fans doute, lors de fa première convocation, qu'il
» lui feroit plus nuifible qu'avantageux de fe priver des ref-
» fources que lui offre cette impofition. »

MENDICITÉ.

L'IMPOSITION connue fous ce nom monte annuellement
à la fomme de 23,000 livres. L'Affemblée provinciale s'étoit
flattée que le Gouvernement lui en confieroit l'emploi, &
en même temps la direction de l'établiffement connu fous le
nom de Dépôt de mendicité; mais la Commiffion intermédiaire ayant fait valoir fes motifs, n'a encore pu obtenir
aucune décifion qui y fût relative.

Tout ce qui tient à l'économie intérieure, & tend à foulager
les citoyens, étant un des attributs de l'Adminiftration provinciale, la Commiffion intermédiaire a vu avec peine, qu'il
ne lui étoit pas permis de porter fes foins patriotiques fur

une partie d'adminiftration dont dépend l'exiftence de la claffe la plus infortunée.

Elle s'eft fait rendre compte de l'état du dépôt de mendicité ; elle y a même envoyé des Commiffaires pour le conftater ; & c'eft avec douleur qu'elle s'eft convaincue qu'un régime exact , mais portant fur des bafes vicieufes , ne fert qu'à cacher des abus fous le mafque de l'humanité.

En effet , on ne peut contefter ni à l'Entrepreneur ni au Directeur , que le plus grand ordre ne règne dans cette adminiftration. Le Roi paie à l'Entrepreneur une fomme de 5 fous par jour pour la nourriture de chaque malheureux qui y eft enfermé. On les met en outre à même de faire quelque travail , & le fixième du prix leur en eft donné à titre de gratification dont ils peuvent difpofer. Les cinq autres fixièmes font au profit du Roi & en diminution de l'efpèce de penfion qu'il paie. La nourriture eft auffi bonne que le prix peut le permettre. Les falles où couchent les prifonniers , celles où ils travaillent , les infirmeries , les cuifines , font tenues avec une propreté qui mérite d'autant plus d'éloges , qu'elle fe trouve rarement dans les lieux de cette efpèce.

Mais c'eft le régime moral de cet établiffement , qui doit révolter toute ame fenfible. On y renferme les mendians , les femmes de mauvaife vie , les libertins auxquels on veut infliger une correction , les vagabonds , enfin les enfans trouvés. Des falles différentes contiennent les deux fexes ; mais aucune autre diftinction ne les fépare entre eux. Enfans &

vieillards, mendians & débauchés, malheureux ou coupables font confondus enfemble. L'enfant-trouvé lui-même, dont l'âge attefte l'innocence, n'éprouve aucune diftinction ; il eft contraint de vivre parmi ceux qu'une punition méritée a féqueftrés de la fociété : ne voyant que leurs exemples, il ne connoîtra que leurs goûts ; & fi jamais un hafard heureux le rend à la liberté, il n'apportera dans le monde que les vices qu'il aura connus dès fon enfance.

Les Commiffaires de la Commiffion intermédiaire y ont vu un de ces infortunés, enfermé à l'âge d'un an, fe jeter à leurs genoux pour demander la fin d'une captivité de 17 ans, dont le malheureux ne pouvoit pas même connoître le motif, bien loin de l'avoir méritée.

Dans la forme actuelle de cet établiffement, ces abus ne peuvent que fe renouveler fréquemment : foumis à la furveillance d'un feul Directeur, à qui l'habitude d'entendre des plaintes a bientôt appris à ne plus les écouter, quels moyens refte-t-il aux malheureux pour en échapper ? Et fi l'Adminiftrateur ne pouffoit pas toujours la délicateffe à un point extrêmement rare, ne pourroit-on pas craindre que retirant un bénéfice de l'ouvrage que font les prifonniers, il n'eût un intérêt à conferver les moins coupables comme les plus aptes au travail ?

IMPÔT REPRÉSENTATIF DE LA CORVÉE.

CETTE impofition a excité & caufe encore de grandes réclamations. On ne peut fe diffimuler que, dans cette province, tout ce qui tend à tirer de l'agriculteur un numéraire qui lui manque pour fon exploitation rurale, n'ait dans la pratique des inconvéniens qu'on n'apperçoit pas, quand l'imagination ou le cœur fe font exaltés fur un bien qu'on voudroit faire. Si le peuple étoit confulté, il préféreroit la corvée en nature, & ne demanderoit que la profcription des abus d'autorité, qui en font peut-être inféparables.

Le vœu de prefque tous les Diftricts, de voir partager cette charge à tous les Ordres, en lui ôtant le caractère de fervitude que la corvée porte avec elle, fera fans doute auffi celui de l'Affemblée provinciale, & l'on doit efpérer que cette impofition deviendra moins onéreufe au peuple lorfqu'elle fera répartie fur toutes les claffes de citoyens.

La Commiffion intermédiaire a, conformément à la délibération de l'Affemblée provinciale, recouvré les 649,001 liv. 5 f. 8 d. impofés pour l'année 1787, par mandemens de M. l'Intendant, qui ont fervi à faire face aux dépenfes de 1787 & de 1788, & qui préfentent encore un excédent à compte de celles de 1789.

Le compte que l'on trouvera ci-après prouve que la Commiffion intermédiaire a porté dans cette dépenfe la plus fcrupuleufe économie. Peut-être lui reprochera-t-on que le defir d'alléger le poids de cette impofition nouvelle l'a rendue parcimonieufe; mais marchant avec défiance de fes lumières & de fes fubordonnés dans cette partie, elle a vu moins d'inconvéniens à fe tenir en arrière qu'à précipiter fes opérations.

Elle ne fe diffimule pas que fes intentions droites n'ont pas été généralement fecondées, & que plufieurs parties de

chauffées ont fouffert de la négligence de quelques adjudicataires. Le zèle & l'activité avec laquelle les Bureaux des
Diftricts fe font occupés de cette partie importante du fervice
public, ont furmonté prefque tous les obftacles que la mauvaife volonté leur oppofoit; & l'on peut avancer, quoiqu'en
difent quelques détracteurs, que les chauffées de la
province n'ont point détérioré, que plufieurs, impratica-
bles auparavant, ont été rétablies & que leur entretien a
beaucoup moins coûté (1). C'eft tout ce qu'on pouvoit efpérer
après une année d'interruption totale des travaux & un nouveau régime fur lequel on a été contrecarré, & qui, n'étant
qu'un effai, étoit fufceptible d'amélioration.

On oppofera peut-être que cette économie tient à avoir
peu fait. La Commiffion intermédiaire a fuivi le plan que
lui avoit tracé l'Affemblée provinciale; d'ailleurs les principes
d'une Adminiftration patriotique & permanente doivent être
différens de ceux d'Adminiftrateurs paffagers, qui font pref-
fés de réalifer des projets, bons en eux-mêmes, mais oppreffifs
parce que l'exécution en eft précipitée. Combien de larmes
cette émulation de faire n'a-t-elle pas déjà coûté ! Et n'y

---

(1) Les 27 ateliers, dans lefquels les chemins de la province avoient été divifés
par M. l'Intendant, en 1787, auroient coûté 408,787½ liv. d'entretien annuel,
fuivant les adjudications qui en ont été faites.

L'adjudication des ateliers fubdivifés pour 1788 & 1789, ne monte qu'à
276,000 liv., en cavant au plus fort le petit nombre d'ateliers qui n'ont pas été
livrés à l'entretien dans la première année, furtout la route ancienne de Paris à
Strasbourg par le Kocherfperg; il en réfulte, en faifant le calcul le plus défavo-
rable pour le nouveau régime, une économie de 100,000 liv. au moins en cette
partie.

pourroit-on pas trouver un des germes de la mifère qu'éprouve la province ?

Pour prévenir les abus qu'on reprochoit aux Employés des Ponts & chauffées, la Commiffion intermédiaire a réglé des appointemens fixes aux Infpecteurs & aux Élèves, en fupprimant les vacations & les journées de cabinet. L'expérience lui apprendra fi elle a atteint fon but, & dans ce cas elle fe propofe d'engager la province de les traiter plus favorablement encore. La nature du fervice de ce corps exigeant de fes Membres une conduite irréprochable & une éducation foignée, il eft jufte qu'ils trouvent dans leurs places une exiftence honorable qui les mette au-deffus du befoin.

EXCÉDENS DES VINGTIEMES ET DE LA CAPITATION.

LES excédens des vingtièmes fe montent annuellement à la fomme d'environ 18000 liv., ceux de la capitation à celle d'environ 24000 liv. Ces fommes ont été réfervées pour les frais de confection de rôles & de régie, les décharges & modérations demandées, & le furplus a toujours été à la difpofition de M. l'Intendant. Comme les comptes en font arriérés depuis plufieurs années, & que la Commiffion intermédiaire n'a pu s'en procurer aucun, elle ne peut indiquer quel en a été l'emploi ; mais elle penfe que tout ce qui n'eft pas employé pour faire face aux non-valeurs, doit tourner en moins-impofé au profit des contribuables dans l'année fuivante, & c'eft là la marche qu'elle fe propofe de fuivre à l'avenir.

FRAIS

FRAIS COMMUNS GÉNÉRAUX.

LA portée de cette impofition tient en grande partie, à l'économie avec laquelle les dépenfes intérieures font ordonnées. Les Députés compofant la Commiffion intermédiaire entrevoient avec fatisfaction la poffibilité de procurer de grands foulagemens à leurs concitoyens; mais ils ne peuvent encore les indiquer avec certitude. Ils fe flattent d'avoir prévenu quelques abus & opéré quelque bien ; mais ils ont trouvé tant d'entraves que leur marche a été fort lente.

L'ancien ufage de faire face à ces dépenfes par anticipation a pu être commode à l'Adminiftration; mais elle eft onéreufe à la province par les intérêts qu'elle eft obligée de payer, & elle préfente une facilité dangereufe, en ce qu'étant illimitée, les Adminiftrateurs deviennent moins fcrupuleux fur la fixation des objets qui en font partie. Il feroit à defirer que la province fe déterminât à former un fonds deftiné à faire ces avances; ce qui lui procureroit une économie d'environ 36,000 liv. par an.

Indépendamment de divers objets qui ont été réduits, la Commiffion intermédiaire a obtenu du Gouvernement la fuppreffion de la place de Prévôt général des fiefs, dont les appointemens de 6000 liv. fe payoient fur ces fonds.

Si cette impofition comparée à celle de 1788 préfente, en cette année, une augmentation, il eft néceffaire d'obferver que les objets diftraits des fourrages, ceux payés ci-devant fur les Bailliages, tels que les dédommagemens pour incendies, grêle, &c. y étant compris, ils ont dû occafionner un accroiffement qui cependant n'eft point préjudiciable, ni onéreux, puifque l'impofition des fourrages & celle des frais communs particuliers ont fenfiblement diminué. Auffitôt que les comptes de cette dépenfe pour l'année 1788 pourront être arrêtés, & que la fomme à impofer en 1789 pour leur rem'bourfement aura été fixée, la Commiffion intermédiaire s'empreffera de les faire connoître au public.

FRAIS COMMUNS PARTICULIERS.

LES frais communs particuliers de la province ont éprouvé dans l'année 1788, une diminution fenfible, tant par les économies que la furveillance de la Commiffion a procurées, que par quelques articles d'indemnités, qui, intéreffant également toute la province, ont été portés fur l'état des frais communs généraux, afin que la répartition en fût plus jufte & plus infenfible.

On ne fauroit indiquer le montant de l'état de ces frais, puifque ceux de tous les Bailliages n'ont pas encore été arrêtés; & qu'il ne fera fixé que lorfque celui des frais communs généraux aura pu être déterminé.

Toutes les Communautés éprouveront, entre autres foulagemens, la décharge de la fomme pour laquelle chacune d'elles contribuoit aux appointemens de 6000 liv., atribués à la place de Syndic-général de la province, qui vient d'être fupprimée, conformément au vœu de l'Affemblée provinciale.

FRAIS DE RECOUVREMENT.

LES frais de recouvrement tiennent au fyftème général', qu'on peut efpérer, dans les circonftances préfentes, de voir fimplifier. On doit furtout fe flatter que le Gouvernement n'exigera plus, que les impofitions levées pour l'adminiftration intérieure de la province, & celles qui s'y confomment, foient cenfées verfées entre les mains des Receveurs généraux & particuliers, pour y laiffer des deniers de taxation, qui pour-roient tourner au foulagement des contribuables.

CINQUIÈME PARTIE.

TRAVAUX PUBLICS.

BATIMENS PUBLICS.

L'ASSEMBLÉE provinciale doit regretter de n'avoir pas été chargée plus tôt de cette partie importante de l'adminiſtration.

La Commiſſion intermédiaire, pour arrêter le luxe qui commençoit à s'introduire dans la province, a ceſſé de reconnoître les Inſpecteurs des bâtimens, auxquels on avoit aſſigné des départemens; ils n'avoient point d'appointemens, mais on leur payoit des journées de campagne & de cabinet, qui leur en tenoient lieu; & la néceſſité où l'on étoit de ſe ſervir d'eux portoit le caractère d'une contrainte à la liberté publique.

Par la vigilance des Diſtricts on eſt parvenu à arrêter l'exécution de quelques plans trop diſpendieux & chargés de décorations déplacées dans les campagnes; on en a ſuſpendu d'autres juſqu'à ce que les facultés des communautés leur permiſſent de les entreprendre.

La Commiſſion intermédiaire s'eſt ſervie des Employés des Ponts & chauſſées pour vérifier les demandes & dreſſer les plans, & elle a conſulté un architecte habile & intègre pour les contrôler.

Il lui a paru que dans une province agricole, où l'on eſt

généralement peu riche, il falloit fe borner à des bâtimens fimples, calculés fur les moyens , & furtout empêcher les communautés de fe grever de dettes, ou d'employer dans un feul édifice les reffources qui pourroient leur être utiles dans des temps de calamité.

La manie & le luxe des conftructions a été depuis 20 ans une des principales caufes de l'épuifement de cette province, & les économies que la furveillance de la nouvelle Adminiftration fera faire dans cette partie, foulageront efficacement les communautés (1).

On ornoit chaque églife de village comme fi elle eût dû figurer dans une grande ville ; fculptures, colonnes, rien n'étoit épargné , & pour renforcer les décorations on économifoit fur la folidité du bâtiment. De là les fréquens recours contre les Entrepreneurs, & de ceux-ci contre les architectes, d'où naiffoient des difcuffions dont les communautés étoient toujours les feules victimes.

Bornée aux feules communautés des campagnes , la Commiffion intermédiaire n'a pu porter fes foins paternels fur les villes. Il eft de notoriété publique que plufieurs fe font engagées dans des entreprifes au - deffus de leurs forces , qui leur ont fait contracter des dettes confidéra-

____

(1) C'eft ainfi , pour n'en citer qu'un feul exemple, qu'on vouloit forcer celle d'Achenheim, dont les moyens font très-bornés, à conftruire une nouvelle églife , eftimée à environ 12000 liv., & qui en dernière analyfe auroit coûté une moitié en fus. La Commiffion intermédiaire a vaincu tous les obftacles qui s'oppofoient au projet d'une fimple réparation & agrandiffement, & il a été exécuté pour environ 2000 liv. à la fatisfaction de toutes les parties intéreffées.

bles (1), & néceffitent la continuation d'octrois fur les con-
fommations, à charge aux habitans. On doit efpérer que les
Magiftrats de ces villes fe rendront enfin aux vœux de leurs
concitoyens, qui réclament, à jufte titre, la connoiffance de
l'emploi de leurs revenus patrimoniaux.

La Commiffion intermédiaire auroit defiré pouvoir s'occuper des prifons de Colmar, devenues un repaire affreux;
la fureté publique & l'humanité prefcrivent à la province des
efforts pour cette conftruction.

On s'en occupe depuis plufieurs années. L'adjudication
en avoit été faite par M. l'Intendant, au fieur Pertois, &
en vertu d'un arrêt du Confeil d'État du Roi, du 31 décembre
1783, on devoit impofer fur la province la fomme de
181,500 liv. en quatre années, pour faire face aux dépenfes
de cette conftruction. Mais des projets plus vaftes s'étant liés
à ce premier objet, feul néceffaire, l'adjudication en a été
annullée, & les plans & devis font entre les mains du fieur
Saint-Far, qui réclame le paiement des plans qu'il a tracés pour
bâtir des prifons, des cafernes de Maréchauffées, un palais,

---

(1) Témoin l'hôpital de Haguenau, adjugé originairement pour 180,000 liv.,
& qui coûte actuellement au-delà de 800,000 à cette ville.

On peut juger par l'accroiffement énorme que l'adjudication primitive a fubi,
quels moyens on mettoit en ufage pour entraîner les communautés dans des
dépenfes ruineufes. Avant d'examiner leurs facultés, on dreffoit des plans & des
devis, & pour peu qu'elles paruffent pouvoir fuffire aux conftructions projetées,
l'adjudication fe faifoit en apparence à vil prix; mais il n'eft aucun plan où fous
divers prétextes on n'ait accordé des indemnités ou ordonné des fupplémens
d'ouvrages, & dès-lors il n'y avoit plus de raifons pour que ces prétentions ne
puffent pas s'étendre à l'infini.

une intendance, une place publique, enfin une nouvelle ville. Ce projet peut faire honneur à son talent : sa grandeur a heureusement effrayé ; les accessoires magnifiques ont absorbé le principal ; les matériaux qu'on avoit rassemblés sont épars & se détruisent.

M. l'Intendant avoit annoncé que les fonds imposés en vertu de l'arrêt du Conseil, existoient entre les mains des Receveurs des finances ; mais la Commission intermédiaire ayant voulu s'en faire rendre compte, M. l'Intendant a reconnu son erreur, & lui a annoncé que pour soulager la province il n'en avoit pas fait le recouvrement, ainsi que l'arrêt le portoit, mais qu'il s'étoit borné à comprendre dans les frais communs généraux une somme de 21000 liv. payée au sieur Pertois, le premier adjudicataire, de laquelle jusqu'à présent on n'a pu obtenir aucun décompte, & quelques autres sommes employées à acheter quelques maisons, pour augmenter l'emplacement, montant ensemble à la somme de 44707 liv. (1) Quels que soient, au reste, les motifs que la province pourroit avoir de se plaindre des fausses dépenses qu'on lui a fait faire, elle ne peut se dispenser de prendre un parti définitif, & de presser une construction qui ne peut souffrir de plus longs délais.

TRAVAUX D'ÉPIS.

UNE des plus grandes économies que la nouvelle Administration se flatte de procurer à la province, est celle qui

______

(1) Il est difficile de parvenir à la connoissance bien précise de ce qu'on a fait ou voulu faire ; les frais communs généraux n'ont jamais été présentés qu'en bloc, & les détails sont restés un mystère de l'Administration, que la Commission intermédiaire n'a eu aucuns moyens d'approfondir.

réfultera des principes qui dirigeront dorénavant la conftruction des épis du Rhin.

La province a vu depuis une dixaine d'années employer
plufieurs millions à des ouvrages dont il refte à peine des
veftiges, & qui offroient des profits immenfes aux Entrepreneurs , tandis que les îles fe réduifoient en bancs de graviers. Les frais communs généraux de 1785 montrent pour
33,903 liv. d'indemnités aux propriétaires, ceux de 1786
pour 29,000 liv. ; or le toccage pour cent fafcines fe paie
à raifon de 3 liv. : ainfi, non compris cent mille fafcines
à peu près employées aux travaux d'épis faits aux environs
de Strasbourg, où l'Entrepreneur eft chargé de cette fourniture à raifon de 10 à 11 liv. par toife - cube d'épi , on a
coupé dans chacune de ces deux années plus d'un million
de fafcines. Qu'on y joigne les dégradations des forêts dans
la montagne , & l'on ne fera plus étonné de la progreffion
effrayante du prix du bois à brûler.

Pour faire voir la faveur exceffive des marchés paffés aux
Entrepreneurs , on fe contentera de citer quelques faits qui
appartiennent à l'année qui vient de s'écouler.

La province a payé 75,758 liv. 16 f. 6 d. pour fourniture
des matériaux de 6500 toifes-cubes d'épis , exécutés tant au
Fort-Mortier qu'au Fort-Louis ; en y ajoutant le tiers en fus
pour la main-d'œuvre, qui y eft aux frais du Roi , & qu'on
évalue au quart de la dépenfe entière, il en réfulte une fomme
de paffé 100,000 livres.

L'Adminiftration a exécuté trois ouvrages d'épis , l'un à
Rhinau, l'autre à Offendorff, le troifième à la Wanzenau ;

elle

elle a eu à lutter contre des obstacles. Le mois de mai étoit écoulé que les fascines n'étoient pas encore coupées, quoiqu'on eût sollicité les ordonnances dès le commencement de janvier; ce qui a augmenté la dépense d'un tiers au moins, puisque les eaux du Rhin se sont soutenues à une hauteur égale pendant l'été: & cependant les 9000 toises-cubes d'épis, y compris 1000 toises-cubes de digue, & les achats de brouettes, loyer de bateaux & ustensiles, faux-frais & vacations des employés, n'ont coûté que 52,400 livres.

La Commission intermédiaire doit compte à la province de quelques détails sur cette partie du service public.

La façon de 100 fascines est comptée aux Entrepreneurs du Roi, d'après les marchés passés par les Subdélégués de l'Intendance, à 7 liv. 10 s. : aux trois ouvrages exécutés par la province, elle n'est revenue qu'à 3 liv., 3 liv. 8 s., 3 liv. 12 s. au plus, & les transports de terre à bord des îles n'ont coûé que 24 s. Mais ce qui étoit encore infiniment plus onéreux à la province, ce sont les marchés passés pour transport des fascines à pied d'œuvre: il n'y avoit pas la moindre proportion dans leur évaluation progressive. Au Fort-Mortier les 100 fascines à une lieue de distance coûtent 7 liv. 10 s. en remontant, & 9 liv. en descendant; à deux lieues, 11 & 14 liv.; à 3 lieues, 14 liv. 10 s. & 17 liv.; à 4 lieues, 17 & 19 liv.; à 5 lieues, 19 & 21 livres. Ces prix sont déjà excessifs, puisque la lieue en remontant n'est revenue, dans les essais que la province a faits, qu'à 40 s. jusqu'à 48 s. au plus, & 3 liv. en descendant; mais ils ne sont rien en comparaison des prix accordés à l'Entrepreneur du Fort-Louis : le calcul des diſtances y eſt encore infiniment plus onéreux à la province. La première lieue ne coûte, à la vérité, que 4 liv. 10 ſ. en remontant, & 6 liv. en deſcendant: mais les prix ſe doublent à chaque lieue; à deux, il eſt à 9 & 12 liv.; à ſix lieues, 27 & 36 liv. Les frais de chargement ſont cependant les mêmes pour toutes les diſtances, & le trajet de quelques lieues à remonter à vide ne peut opérer une différence auſſi ſenſible; il doit produire tout au plus celle d'un tiers en ſus par lieue. C'eſt ſur ce calcul des diſtances que ſe fondoit un des principaux bénéfices de l'Entrepreneur. Comme, dans l'ancien régime, la ſurveillance des intérêts de la province étoit abandonnée à la merci des Inſpecteurs des îles, qui déſignoient à leur gré, il n'eſt arrivé que trop ſouvent, que, quoique les parties intermédiaires renfermaſſent des bois propres à faire des faſcines, on a couru aux extrémités pour gagner ſur les tranſports. On pourroit citer plus d'un exemple; on ſe contentera de rapporter celui du Fort-Louis, où, dans le toiſé de l'année dernière, on trouve 36,158 faſcines coupées à Au ou Augheim, qu'on évalue à ſix lieues de diſtance en deſcendant, & qui coûtent à la province pour tranſport ſeul 13,016 liv. 19 ſ. De là vient en partie la différence des prix. Au Fort-Mortier la toiſe-cube d'épis revient à 12 liv. 10 ſ.; au Fort-Louis, à 18 liv. 15 ſ.: tandis qu'à Rhinau & Offendorff elle ne coûte cette année à la province & aux parties intéreſſées, qui paient chacunes la moitié, que 5 liv., & à la Wanzenau 5 liv. 16 ſ.

En ajoutant quelque choſe de plus pour le cas de coupes plus éloignées, la toiſe-cube ne reviendra qu'à 6 liv.

A Strasbourg, comme nous l'avons déjà remarqué, on

paie à l'Entrepreneur 10 liv. 3 f. pour la toife-cube d'épi, que l'induftrie pour plus grande diftance des fafcines porte quelquefois à 11 liv. 7 fous.

Les comptes de l'Entrepreneur, que la province doit acquitter fur les frais communs de l'année dernière, montent à 76,788 liv. 17 f. 8 d., & à 3,535 liv. 15 f. 10 den. pour reftant d'un toifé fait en 1787 : mais on lui paffe quantité de faux-frais, &, ce qui a dû exciter les réclamations de la Commiffion intermédiaire, l'Adminiftration lui a encore alloué dans les dernières années des prétendues indemnités ; vu que dans l'évaluation de fon marché, la façon & tranfport de cent fafcines à bord des îles, eft compté à 7 liv. , tandis qu'il prétend avoir dépenfé pour cet objet 5 liv. pour façon, & 3 liv. 12 f. pour tranfport à bord des îles ; ce dont l'expérience de la Commiffion intermédiaire lui démontre l'impoffibilité.

La Commiffion intermédiaire eft intimement convaincue, que lorfque fon régime confolidé par l'attribution des îles, qui ne fait plus dépendre l'époque des travaux des caprices & de la mauvaife volonté des fubalternes de l'Intendance, lui permettra d'exécuter tous les ouvrages à fon compte par économie ; qu'elle pourra faire acquifition des agrès, bateaux & uftenfiles néceffaires, exploiter les îles avant le printemps, ou du moins après la chute de la fève, & porter de l'intelligence & de l'équité dans la défignation des îles qui doivent fournir les fafcines ; lorfqu'elle pourra commencer le travail dans la bonne faifon, pour finir avant la S. Jean, où les crues périodiques du Rhin ne manquent jamais de s'élever & où la main-d'œuvre renchérit, & faire charger convenablement les fafcines de bons graviers, pour que l'épi ne furnage pas au bout d'un court efpace de temps comme un bouchon détaché; lorfqu'enfin, par une furveillance perpétuelle, elle réparera à peu de frais les parties dégradées à fur & mefure du befoin, & qu'elle portera toute fon attention à la confervation des digues : elle exécutera ces ouvrages au-deffous de la moitié du prix qu'ils ont coûté jufqu'ici, & avec beaucoup plus de folidité.

Une feule réflexion prouve l'avantage & le bon marché des ouvrages d'économie, fur ceux d'entreprife exécutés fur des adjudications partielles par des gens qui n'étoient pas du métier ; ouvrages que le Rhin emporte communément en peu de temps. L'Entrepreneur, qui ne cherche qu'à gagner, calcule tous les événemens poffibles, & les chances font plus fréquentes & moins évitables fur le Rhin que dans les conftruétions de terre. Toutes celles qui n'arrivent pas, étoient gagnées pour l'Entrepreneur ; elles le font aujourd'hui pour l'Adminiftration qui lui a fuccédé.

RECTIFICATION DU COURS DES RIVIERES.

La Commiffion intermédiaire n'a pu, dans les premiers temps de fon établiffement, fe livrer au travail utile de la reétification du cours des rivières, fur lequel on lui a préfenté des plans intéreffans. Elle a cependant ordonné quelques travaux pour diminuer les atterriffemens qui fe forment au milieu de ces rivières, & qui occafionnent fouvent des variations dans leurs lits. Lorfque l'Adminiftration repofera fur des bafes immuables, & que le rétabliffement de l'ordre public ramènera des temps plus heureux, elle donnera fon attention à l'ouverture de deux canaux importans qui lui ont été proposés. L'un, deftiné à unir le Rhin & le Rhône, rendra l'Ill navigable depuis l'extrémité du Sundgau jufqu'à Strasbourg, & par un fecond embranchement, elle ira jufqu'à Huningue, & formera dans toute la longueur de la province un canal intérieur : l'autre, s'annonçant fous un afpect moins brillant, mais peut-être plus immédiatement utile, n'eft préfenté par le Diftrict de Wiffembourg que comme le rétabliffement d'un canal qui a déjà exifté entre Lauterbourg & Strasbourg, & qui faciliteroit beaucoup, tant la navigation du Rhin entre Mayence & Strasbourg, qu'il eft intéreffant de fixer fur cette rive, que le tranfport des bois & foins pour la confommation de la capitale, & celui des munitions en temps de guerre.

La Commiffion intermédiaire doit cependant entrer dans les détails de ce qui s'eft paffé relativement aux travaux commencés à Dahlhunden, & qui ont été approuvés par le Gouvernement peu avant l'établiffement de l'Affemblée provinciale.

Le Rhin, entre Drufenheim & le Fort-Louis, forme dans une étendue de cinq lieues, des finuofités confidérables, qui ralentiffent fon courant, & qui ont fucceffivement occafionné, par fes ravages, des dépenfes extrêmement onéreufes.

M. Charpentier avoit conçu, il y a trois ans, le projet d'une coupure, qui devoit traverfer deux îles confidérables depuis le village de Dahlhunden jufques vis-à-vis le canal de navigation entre Sellingen & le Fort-Louis, & du barrage des deux grands bras de Greffern & Drufenheim, dans lef-

quels la maffe principale du fleuve s'étoit verfée alternati-
vement jufqu'ici.

La coupure devoit avoir quarante-deux pieds de large
dans le fond , & du centre on avoit tiré une ligne à cent
toifes de diftance des deux rives , entre lefquelles les puif-
fances riveraines ne devoient exécuter aucun travail.

La convention fut fignée par M. l'Intendant au nom du
Roi , & par M. le Baron d'Edelsheim , Miniftre d'État du
pays de Baden. Le Roi s'étoit chargé de payer la partie in-
férieure de ces travaux à travers l'île de Stolhofen , fur les
fonds des fortifications , montant à 185,305 liv. 17 f. 8 den. ;
& la province , conjointement avec M. le Margrave de Bade ,
devoit payer 117,446 liv. 13 f. 4 d. pour les travaux à exécuter dans la grande île de Dahlhunden. Mais bientôt on
propofa des changemens au plan , & , en faveur d'une direction plus avantageufe à travers une île , fife dans la fouveraineté de M. le Margrave , les fujets de ce prince furent
déchargés de l'obligation de contribuer , & la charge de la
moitié fupérieure refta feule à la province.

Le corps royal du Génie avoit été confulté fur cette
opération ; mais il paroît avoir toujours confervé quelques
doutes fur fon fuccès. Le marché de cette entreprife fut
abandonné fans concours au fieur Charpentier cadet , aux
mêmes prix des ouvrages du Fort-Louis , dont il étoit l'entrepreneur , & que la Commiffion intermédiaire avoit trouvé
fi avantageux qu'elle s'étoit cru obligée de faire quelques
obfervations au Miniftre.

Les travaux qui devoient être exécutés en 1787 , ayant

été fufpendus , leur communication & furveillance étoit dévolue à la Commiffion intermédiaire , puifque la province en faifoit les principaux frais. Elle n'acquit cependant la connoiffance des parties qu'on fe difpofoit d'exécuter que par une ordonnance de M. l'Intendant, pour couper cent mille fafcines dans une faifon où les principes d'un bon régime foreftal ne permettent plus d'exploiter les îles qu'à la dernière néceffité. Elle a penfé qu'il étoit de fon devoir de faire des remontrances au Miniftre, pour obtenir la fufpenfion de travaux auffi majeurs , jufqu'à ce qu'elle ait pu en prendre une connoiffance parfaite ; d'autant qu'elle les voyoit abandonnés à des prix trop favorables au frère du Directeur & auteur du projet, que le corps royal du Génie paroiffoit douter de fon fuccès , & que même il ne s'accordoit pas , par fa direction , avec un plan général de redreffement du Rhin, de M. d'Arçon , fur lequel le Miniftre avoit invité la Commiffion intermédiaire de porter toute fon attention.

M. le Comte de Brienne approuva les motifs de la Commiffion intermédiaire , & fufpendit ces travaux jufqu'à l'année prochaine, par fa lettre du 20 juin ; & quoique par celle du premier feptembre, il l'ait invitée à les reprendre , » il lui » a laiffé la liberté de faire faire de nouvelles eftimations, » caffer les marchés, & publier une nouvelle adjudication , » en écartant l'abus de parenté entre l'Entrepreneur & l'Inf- » pecteur des travaux. »

Le Rhin ayant occafionné quelques changemens au plan arrêté en 1786, on a été obligé de faire lever par M. Charpentier l'aîné, une nouvelle carte , avec les apperçus d'eftimation, tant des anciens travaux que de ceux de fupplément jugés néceffaires ; ce qui n'a pu être exécuté qu'au commencement de novembre, & a été fuivi immédiatement par les neiges extraordinaires qui ont rendu toute opération ultérieure impoffible. Cet Ingénieur a joint au nouveau plan, & avant toifé, une foumiffion pour exécuter tous les travaux en cette partie pour 465,000 liv. Il offre en conféquence de faire faire à fes frais tous les ouvrages non prévus que le fuccès du projet pourroit encore exiger, & de pourvoir au remplacement de tous ceux qui pourroient être ruinés ou emportés pendant la durée des travaux par les crues ordinaires des eaux, afin de garantir l'établiffement du Thalweg dans le milieu des coupures. Les pièces font entre les mains du corps royal du Génie, dont on a dû confulter les lumières avec d'autant plus de juftice, que partie de la dépenfe eft affignée fur les fortifications de la province.

Ce redreffement préfente des avantages fenfibles, & doit prévenir déformais efficacement les ravages & détériorations du Rhin, fur quatre à cinq lieues de longueur, caufés tant par fes débordemens, que par fes affouillemens ; favorifer l'atterriffement des terrains immenfes engloutis fucceffivement par le fleuve, & en rendre le fol à la culture ; affranchir le Roi & la province des dépenfes confidérables d'entretien des épis de bordage & éperons, établis fur le bras d'Alface ; diminuer la force de ce dernier, & empêcher que le cours principal ne s'y reverfe au grand préjudice des communautés riveraines, parmi lefquelles celle de Dahlhunden rifqueroit de voir fon village placé au-delà du Thalweg, & conféquemment fous une fouveraineté étrangère. Il doit enfin perfectionner

fectionner la navigation du Rhin, presque impraticable au passage des éperons en épis, construits le long de l'île de Stattmatten. Quels que soient les avantages de ce projet vaste & hardi, qui, aux yeux de plusieurs personnes de l'art, est encore un problème, il causera une nouvelle plaie à la province, qu'il n'est cependant plus possible d'éviter, puisque son exécution repose sur des traités, & qu'il y a déjà été dépensé 74,783 liv. 12 f., dont 34,239 l. -- 8 d. pour le compte du Roi, & 40,544 liv. 11 f. 4 d. pour celui de la province, qu'elle est obligée de payer au sieur Charpentier cadet.

SIXIÈME PARTIE.

FRAIS D'ADMINISTRATION.

La Commiſſion intermédiaire ſoumet enfin à ſes concitoyens l'état des frais de ſon adminiſtration. S'ils excèdent les pouvoirs que l'Aſſemblée provinciale lui avoit donnés, c'eſt qu'il eſt dans un nouvel établiſſement des dépenſes inévitables qu'on ne peut prévoir, ni calculer d'avance. Des frais d'impreſſions, des bureaux à monter, un logement à arranger, des uſtenſiles, quelques meubles indiſpenſables, en ont augmenté la maſſe.

On doit rendre aux Diſtricts la juſtice, qu'ils ont mis la plus grande économie dans leurs dépenſes ; & le déſintéreſſement avec lequel ils ſe ſont dévoués à la choſe publique, doit leur mériter l'eſtime & la reconnoiſſance de leurs concitoyens. On ne peut même ſe diſſimuler qu'à la longue il ſeroit difficile d'exiger des ſacrifices auſſi conſidérables que ceux qu'ils ont faits ; & lorſque la province ſera à même de ſe faire rendre compte de leur travail, elle jugera qu'ils ont conſacré tous leurs inſtans à ſon ſervice. Si la Commiſſion intermédiaire avoit eu un pouvoir exécutif qui la mît à même de ſeconder le zèle des Bureaux intermédiaires, on en recueilleroit peut-être déjà les fruits ; & on doit leur ſavoir gré de la conſtance qu'ils ont eue, malgré les obſtacles qu'ils ont eſſuyés.

La Commiſſion intermédiaire ne s'eſt déterminée qu'au mois d'août dernier à monter des bureaux. Chargée des impoſitions, des forêts communales, des travaux publics, & de toute l'adminiſtration intérieure, elle ne pouvoit plus ſuffire au travail que lui fourniſſoient les ſix Diſtricts. La dépenſe qu'ils occaſionnent eſt plus que compenſée par les économies qu'on a obtenues ſur la corvée repréſentative, les travaux & les bâtimens publics, & par la diminution de beaucoup de frais intérieurs des communautés. La connoiſſance que la province acquiert de ſa ſituation, & des remèdes qu'elle peut y apporter, la dédommagera de ſes ſacrifices.

L'Alſace pourroit ſans doute deſirer de n'avoir pas à payer une double ſurveillance. Tout annonce que le Roi eſt diſpoſé à ajouter ce bienfait à tous ceux qu'il vient de faire à ſes peuples, en leur donnant part à l'adminiſtration ; & les preuves qu'il va recevoir du zèle de la Nation pour ſa gloire, le convaincront que ſes intérêts ne peuvent être en des mains plus ſûres. L'Alſace a donné des preuves conſtantes de ſon attachement à la domination françoiſe depuis ſa réunion, par ſa ſoumiſſion à tous les ſacrifices qu'on a exigés d'elle: pourroit-on douter de ſes efforts quand ils ſeront libres !

La réforme des bureaux de l'Intendance a été un des objets qui a attiré l'attention de l'Aſſemblée provinciale. On la dit projetée pour l'année 1789 ; mais comme la Commiſſion intermédiaire n'a aucune réponſe du Gouvernement, & que M. l'Intendant ne lui a pas fait connoître ſes intentions, elle ne peut donner, ſur cette partie de dépenſe, aucun éclairciſſement ſatisfaiſant. On doit eſpérer que la province trouvera dans les économies qu'il projette, des moyens de faire face aux dépenfes indifpenfables qu'elle a finalement été obligée de faire pour l'établiffement de fes bureaux.

La Commiffion intermédiaire auroit regardé comme la récompenfe la plus douce de fon travail, de pouvoir en montrer à la province des réfultats plus fatisfaifans.

Gênée par la difficulté de fe procurer des renfeignemens certains dans une matière qu'elle ne connoiffoit pas, & qu'une partie des fubordonnés de l'ancienne adminiftration cherchoit à tenir dans l'obfcurité;

Arrêtée par la crainte de faire des fautes, fuite néceffaire de l'incertitude des connoiffances, elle a vu les entraves fe multiplier fous fes pas.

Revêtue d'un pouvoir exécutif, fans avoir l'autorité coërcitive, elle a fouvent été embarraffée de fe faire obéir, par la lenteur avec laquelle fon recours à l'autorité a été écouté.

Les Municipalités établies par ordre du Roi, regardées, par le plus grand nombre des Diftricts, comme branches effentielles de l'Adminiftration, ont été attaquées par les Princes étrangers & les villes impériales, quoique leur inftitution ne fût contraire aux intérêts de perfonne.

Son infpection fur les forêts a été vivement contrariée.

Sa follicitude pour empêcher que les travaux publics, qu'on pouvoit retarder fans danger, excédaffent les moyens réels, a été accufée de négligence.

La furveillance qu'elle a voulu porter fur différens objets d'adminiftration, a été préfentée au public comme une ambition immodérée de s'attribuer de l'autorité.

La Commiſſion intermédiaire, retardée dans les projets qu'elle auroit eu pour le bien général ; calomniée dans ſes motifs, mais incapable d'être découragée, ne parle des peines qu'elle a éprouvées, que pour faire connoître au public la néceſſité d'un ordre différent. Elle ne craint ni la publicité de ſes opérations, ni qu'elles ſoient examinées ; mais elle croit impoſſible que le bien s'opère, tant que l'autorité, qui force l'intérêt particulier de ſe plier à l'intétêt général, ne ſera pas entre les mains de ceux qui repréſenteront la province. C'eſt une vérité qu'il lui a paru important de faire connoître.

En éclairant l'Aſſemblée provinciale ſur ſes véritables intérêts, elle ſert d'excuſe à la médiocrité des ſuccès d'un travail qui n'en a pas été moins pénible.

Soyons juſtes. Le Gouvernement lui-même, au milieu des contradiĉtions, n'a pas pu donner à tous les objets l'attention néceſſaire. Le moment deſiré, qui doit amener un meilleur ordre, eſt venu : attendons-le de la juſtice du Roi & des lumières de la Nation aſſemblée.

FAIT à Strasbourg, le 15 février 1789, par Nous les Députés compoſant la Commiſſion intermédiaire provinciale d'Alſace. *Signé* le Bailli de FLACHSLANDEN, l'Abbé de NEUBOURG, le Baron de FALKENHAYN, TURCKHEIM, SCHWENDT, le Baron de SCHAUENBURG, Procureur-ſyndic provincial, HELL, Procureur-ſyndic provincial.

COMPTE

Des deniers provenans de l'impofition repréféntative de la corvée, recouvrée fur la province d'Alface, en exécution des arrêts du Confeil d'État des 6 novembre 1786, 27 février 1787 & 20 mars 1788.

RECETTE.

La fomme levée fur les contribuables ordinaires, fur le pied du fixième du montant de leur cote-part à la fubvention, capitation & acceffoires, en l'année 1787, fe monte, fuivant état N.º 1, à *cinq cent foixante-quinze mille trois cent foixante-quinze livres, onze deniers,* ci . 575,375 l. 11 d.

Celle levée fur les villes de Landau, Fort-Louis, Neuf-Brifack & Huningue, & fur les Juifs, fur le pied de trois cinquièmes du montant de leur cote-part à la capitation & acceffoires, attendu leur exemption de fubvention, fe monte, fuivant état N.º 1, à *douze mille trois cent trente-deux livres, cinq fous,* ci . . . . 12,332 5.

Celle levée fur les bailliages de la baffe-Alface, dits *conteftés,* d'après la ————

587,707 l. 5 f. 11 d.

De l'autre part . . . 587,707 l. 5 f. 11 d.

répartition qui en a été concertée entre lefdits baillages, fe monte, fuivant état N.º 1, à *foixante-un mille deux cent quatre-vingt-treize livres, dix-neuf fous, neuf deniers*, ci 61,293 19 9

Total de l'impofition: *fix cent qua-rante-neuf mille une livres, cinq fous, huit deniers*, ci . . . . .649,001 l. 5 f. 8 d.

Les deniers de taxation, levés en fus de ladite fomme, pour frais de collecte des Baillis, à raifon de 4 deniers pour liv. fe montent à la fomme de *dix mille huit cent feize liv. treize fous, dix den.* ci 10,816 13 10

On doit également porter en recette une fomme de *deux mille vingt-huit livres, feize fous*, levée en 1786, fur le bailliage de Lauterbourg, pour fervir à l'achat de 200 toifes de moellons, def-tinés à l'empierrement de la route de Lauterbourg à la Hesbach, laquelle fomme fe trouvoit encore entre les mains du Bailli chargé du recouvrement, ci. 2,028 16

La retenue d'un fou pour livre du prix des adjudications des travaux d'en-tretien des routes pour l'année 1788, qui a été faite aux Entrepreneurs, con-

661,846 l. 15 f. 6 d.

Ci-contre . . . . . . 661,846 l. 15 f. 6 d.

formément aux décifions de la Commiffion intermédiaire, pour faire face
aux frais du toifé des routes, de l'adjudication des ateliers, & de leur remife
aux adjudicataires, a produit :

Pour le Diftrict de Wiffembourg, fur
59,985 liv., prix des adjudications, la
fomme de *deux mille neuf cent quatre-
vingt dix-neuf livres, cinq fous*, ci . . 2,999   5

Pour le Diftrict de Haguenau, fur
61,705 liv., prix des adjudications, la
fomme de *trois mille quatre-vingt-cinq
livres, cinq fous*, ci 3,085   5

Pour le Diftrict de Séleftatt, fur
59,493 liv. 8 fous, prix des adjudications, la fomme de *deux mille neuf cent
foixante - quatorze livres, treize fous,
cinq deniers*, ci 2,974   13   5

Pour le Diftrict de Colmar, fur
41,192 liv. 5 f. 3 d., prix des adjudications, la fomme de *deux mille cinquante-
neuf livres, douze fous, trois deniers*, ci 2,059   12   3

Pour le Diftrict d'Huningue, fur
20,381 liv. 1 fou, prix des adjudications, la fomme de *mille dix-neuf livres,
un fou*, ci 1,019   1

673,984 l. 12 f. 2 d.

I

De l'autre part . . 673,984 l. 12 f. 2 d.

Pour le Diftrict de Béfort, la fomme de . . . . . *pour mémoire.*

NB. On ne portera que pour mémoire la retenue fur les adjudicataires du Diftrict de Béfort , parce que, la Commiffion intermédiaire ne connoiffant pas encore le détail des frais qu'elle a fervi à acquitter, le montant de ceux-ci ne pourra également pas être rempli.

Enfin , le Bureau intermédiaire du Diftrict de Béfort a vendu les outils, fervant ci-devant aux travaux d'entretien fur la route de Giromagny , dont le produit de *onze cent quatre-vingt-huit livres, fept fous, neuf deniers* , fait encore partie de la recette, ci 1,188 7 9

TOTAL de la recette : *fix cent foixante - quinze mille cent foixante - douze livres, dix-neuf fous, onze deniers,* ci . . 675,172 l. 19 f. 11 d.

D É P E N S E.

LA fomme de *dix mille huit cent feize livres, treize fous, dix deniers,* recouvrée en fus des 649,001 liv. 5 f. 8 d. pour les taxations accordées aux Baillis , pour frais de collecte , ayant été retenue par eux , doit être portée en dépenfe , ci . . . . 10,816 l. 13 f. 10 d.

Les appointemens , penfions & grati-

10,816 l. 13 f. 10 d.

Ci contre . . . . 10,816 l. 13 f. 10 d.

fications , accordés aux Directeur , Infpecteurs , Élèves , commis , penfionnaires , & autres perfonnes attachées au département des Ponts & chauffées , fe montent , fuivant état N.° 2 , à la fomme de *trente-deux mille cinq cent quatre-vingt-quinze livres , quatre fous , quatre deniers* , ci 32,595 4 4

La Commiffion intermédiaire a payé aux adjudicataires des 27 ateliers , dans lefquels les chemins de la province avoient été originairement divifés par M. l'Intendant pour l'année 1787 , une fomme de *foixante-fix mille trois cent vingt-neuf livres huit fous* , pour indemnités à eux accordées, à raifon du travail qu'ils y avoient fait , fuivant état N.º 3 , ci 66,329 8

LES ADJUDICATIONS DES TRAVAUX D'ENTRETIEN POUR L'ANNÉE 1788 , fe font montées :

Pour les ateliers fitués dans le Diftrict de Wiffembourg , à la fomme de *foixante mille foixante-treize livres* , fuivant état N.° 4 , ci 60,073

Pour ceux fitués dans le Diftrict de Haguenau , à la fomme de *foixante-deux*

169,814 l. 6 f. 2 d.

De l'autre part . . . . . 169,814 l. 6 f. 2 d.

mille, soixante-neuf livres, quatre sous, suivant état N.º 5, ci 62,069 4

Pour ceux situés dans le Diftrict de Séleftatt, à la fomme de *cinquante-neuf mille, quatre cent quatre - vingt - treize livres, huit sous,* suivant état N.º 6, ci 59,493 8

Pour ceux situés dans le Diftrict de Colmar, à la fomme de *quarante-un mille huit cent soixante-quatre livres, dix-sept sous, neuf deniers,* suivant état, N.º 7, ci 41,864 17 9

Pour ceux situés dans le Diftrict d'Huningue, à la fomme de *vingt-deux mille sept cent quarante livres, dix-sept sous, six deniers,* suivant état N.º 8, ci 22,740 17 6

Pour ceux situés dans le Diftrict de Béfort, à la fomme de *trente mille cent cinquante-six livres,* suivant état N.º 9, ci 30,156

LES TRAVAUX NEUFS, EXÉCUTÉS EN L'ANNÉE 1788, ont été adjugés & payés comme fuit ; favoir :

Au fieur Wenger, de Waffelonne, adjudicataire de l'empierrement du bourg de Waffelonne, avec rigoles & revers pavés, la fomme de *sept mille cinq cent quatre-vingt-dix livres,* ci 7,590

Audit fieur Wenger, adjudicataire des réparations de la côte de Saverne,

393,728 l. 13 f. 5 d.

Ci - contre . . . . 393,728 l. 13 f. 5 d.

la fomme de *quatre mille huit cent qua-*
rante livres, dix-fept fous, huit deniers, ci   4,840   17   8

Plus , fur la ville de Saverne , la
fomme de 759 liv. 2 f. 4 den.

Au fieur Jean Gilligmann , de Souffel-
weyersheim , adjudicataire de la formation de la feconde partie de la nouvelle
route de Herlisheim à Gambsheim , la
fomme de *neuf mille livres* , ci   9,000

Au fieur Conrad, de Haguenau ,
adjudicataire de l'empierrement d'une
partie de la route de Haguenau à
Surbourg , la fomme de *fix mille quatre*
cent livres , ci   6,400

Au fieur Weimer, greffier de Woerth,
adjudicataire de la communication de
Woerth à Reichshoffen par Froefch-
willer , la fomme *de dix-fept mille*
fix cent foixante-quinze livres , quinze
fous , fept deniers , ci   17,675   15   7

Au fieur Wenger de Waffelonne ,
adjudicataire de la nouvelle route
de communication d'Alface en Lorraine , par Ingwiller , Wimmenau
& la côte de Kaesberg , la fomme

431,645 l. 6 f. 8 d.

De l'autre part . . . 431,645 l.   6 f.   8 d.

de *cinquante - six mille, cent soixante-*
onze livres, trois sous, un denier, ci. 56,171   3   1

Au sieur Wenger, de Wasselonne,
adjudicataire de la construction de la
route de Maurmoutier à Saverne, la
somme de *cinquante-huit mille, quatre*
cent trente-cinq livres, cinq sous, six
deniers, ci. 58,435   5   6

Au sieur George Girardot, adjudicataire de la chaussée rampante depuis
le pont de Vaufrey jusqu'à 100 toises
au-delà de la cense de Seigne, la
somme de *huit mille six cent livres*,   8,600

Enfin, les réparations d'une partie de
route, totalement dégradée, entre
Wissembourg & Riedseltz, qui ont été
exécutées sous la Direction du Bureau
intermédiaire du District de Wissembourg, ont coûté la somme de *trois*
mille neuf cent quatre - vingt treize
livres, neuf sous, quatre deniers, ci .   3993   9   4

LES INDEMNITÉS ACCORDÉES A DIF-
FÉRENS PARTICULIERS, POUR TER-
RAINS OCCUPÉS PAR LES NOUVELLES
ROUTES, se font montées comme suit;
savoir :

Pour la nouvelle route de Herrlis-
                                    ————————————
                                    558,845 l.   4 f.   7 d.

Ci-contre . . . . . . : 558,845 l.   4 f.   7 d.

heim à Gambsheim, à la fomme de *trois mille fept cent quatre-vingt-dix-huit livres, trois fous, huit deniers*, pour ceux fitués fur la banlieue d'Offendorff, ci . . . . 3798 liv. 3 f. 8 d.

Plus, pour ceux fitués fur la banlieue de Herrlisheim, à la fomme de *trois mille cent quinze livres, quinze fous, quatre deniers*, ci . . . . 3115 liv. 15 f. 4 d.

Plus, pour les frais de la liquidation defdites indemnités, à la fomme de *foixante-onze livres, douze fous, huit deniers*, ci . . . . . . 71 liv. 12 f. 8 d.

6,985   11   8

Pour la nouvelle chauffée de Maurmoutier à Saverne, à la fomme de *trois mille deux cent foixante-neuf livres, huit fous, neuf & trois-quarts deniers*, ci .   3,269   8   9¾

Plus, fur le bailliage de Maurmoutier, la fomme de 1089 liv. 16 f. 3¼ d.

Pour l'établiffement de la grande route de Paris par Waffelonne, à la fomme de *huit mille cinq cent foixante-quinze livres*, payée aux habitans de Waffelonne, à raifon des dégradation & réparation de leurs maifons, ci   8,575

577,675 l.   5 f.   ¾ d.

De l'autre part . . . . 577,675 l.   5 f. $\frac{3}{4}$d

Plus, fur le bourg de Waffelonne, la fomme de . . . . 5716 liv. 13 f. 4 d.

Sur celui de Marlenheim, la fomme de . . . . 1,429 liv. 3 f. 4 d.

Sur la communauté d'Ittenheim, la fomme de . . . . . 1429 liv. 3 f. 4 d.

LES DIVERSES DÉPENSES FAITES A L'OCCASION DU TOISÉ DES ROUTES, ADJUDICATION, REMISE DES ATE-LIERS, VISITE DES PONTS, &c. ont été acquittées comme fuit; favoir:

Au Bureau intermédiaire du Diſtrict de Wiſſembourg, la fomme de *deux mille quatre-vingt-onze livres, fept fous, deux deniers*, ci 2,091   7   2

Au Bureau intermédiaire du Diſtrict de Haguenau, la fomme de . . . . . *pour mémoire.*

NB. La Commiſſion intermédiaire, malgré fes demandes réitérées, n'a pas encore obtenu le compte de fes dépenfes, & n'en peut fixer le montant.

Au Bureau intermédiaire du Diſtrict de Séleſtatt, la fomme de *mille fept cent deux livres cinq fous*, ci 1,702   5

Au Bureau intermédiaire du Diſtrict de Colmar, la fomme de *deux mille une livres feize fous cinq deniers*, ci . . 2,001   16   5

583,470 l.   13 f.   7$\frac{3}{4}$d

Ci - contre . . . 583,470 l. 13 l. 7¼ d.

Au Bureau intermédiaire du Diſtrict
de Huningue, la ſomme de *neuf cent
quatre-vingt-ſix livres ſix ſous*, ci . . .   986   6

Au Bureau intermédiaire du Diſtrict
de Béfort ..... *pour mémoire.*

NB. Pour les cauſes mentionnées dans la recette.

Pour achat de 24 perches garnies, de
douze pieds de long, la ſomme de
ſoixante-douze livres, ci   72

Excédent applicable aux travaux de
1789, la ſomme de *quatre-vingt-dix
mille ſix cent quarante-quatre livres,
trois & un quart deniers*, ci 90,644   ≠   3¼

SOMME *égale à la recette* . . . . . . 675,172 l. 19 l. 11 d.

RÉCAPITULATION.

RECETTE. . . . 675,172 l. 19 f. 11 d.

DÉPENSE.

Taxations retenues par les Baillis pour frais de collecte , fur le pied de 4 deniers pour livre du montant de l'impofition repréfentative de la corvée , ci . . . . 10,816 l. 13 f. 10 d.

Appointemens , penfions & gratifications aux employés & autres perfonnes attachées au département des Ponts & chauffées de la province , ci 32,595   4   4

Indemnités accordées aux Entrepreneurs des 27 ateliers de la province , en 1787 , & liquidées par l'Affemblée provinciale & fa Commiffion interméd. ci . 66,329   8

Montant du prix des adjudications des travaux d'entretien ordonnés pour l'année 1788 dans les fix Diftricts , ci . . 276,397   7   3

Conftruction des travaux neufs dés routes , exécutés dans la province en 1787 & 1788, ci 172,706   11   2

558,845 l.   4 f.   7 d.

Ci - contre . . . . . 558,845 l.   4 f.   7 d.

Indemnités données à différens particuliers, pour terrains à eux appartenans
& occupés par les nouvelles routes, ainſi
que pour dégradation & réparation de
leurs maiſons, ci 18,830   --   5 $\frac{3}{4}$

Dépenſes diverſes, faites à l'occaſion
du toiſé des routes, adjudications, remiſe
des ateliers, viſite de ponts, &c. ci . . 6,853   14   7

Excédent applicable aux travaux de
1789, ci 90,644   --   3 $\frac{1}{4}$

Somme égale à la recette . . . . . 675,172 l.   19 f.   11 d.

Fait & arrêté à Strasbourg, le 15 février 1789, par Nous les
Députés compoſant la Commiſſion intermédiaire provinciale
d'Alſace.   *Signé* le Bailli de Flachslanden , l'Abbé de
Neubourg , le Baron de Falkenhayn , Turckheim ,
Schwendt , le Baron de Schauenburg , Procureur-ſyndic
provincial, Hell , Procureur-ſyndic provincial.

N.º 1.

ÉTAT de la répartition de l'impôt repréſentatif de la corvée, entre les Bailliages & Villes de l'Alſace, pour les années 1787 & 1788;

S A V O I R :

NOMS DES BAILLIAGES.	MONTANT de LEURS IMPOSITIONS ORDINAIRES.			MONTANT de LA CONTRIBUTION pour les Routes.		
	₶	s	d	₶	s	d
Altkirch	145462.	»	»	24243.	13.	4.
Ban de la Roche	1909.	5.	»	318.	4.	2.
Barr	37750.	10.	»	6291.	15.	»
Bas Landſer	80091.	10.	»	13348.	11.	8.
Béfort	115171.	10.	»	19195.	8.	4.
Benfeld	115698.	10.	»	19283.	1.	8.
Biſchweiler	11356.	10.	»	1892.	15.	»
Bollweiler	11918.	»	»	1986.	6.	8.
Brunſtatt	63783.	»	»	10630.	10.	»
Dabo	13737.	10.	»	2289.	11.	8.
Dachſtein	95558.	»	»	15926.	6.	8.
Delle	133191.	»	»	22198.	10.	»
Dettweiler	6692.	»	»	1115.	6.	8.
Dorlisheim	50930.	10.	»	8488.	8.	4.
Enſisheim & Sainte-croix	117557.	»	»	19592.	16.	8.
Eſchentzweiller	24596.	»	»	4099.	6.	8.
Ferrette	231120.	»	»	38520.	»	»
Fleckenſtein	45326.	»	»	7554.	6.	8
	1301848.	15.	»	216974.	19.	»

NOMS DES BAILLIAGES.	MONTANT de LEURS IMPOSITIONS ORDINAIRES.			MONTANT de LA CONTRIBUTION pour les Routes.		
	℔	s	d	℔	s	d
D'autre part	1301848.	15.	»	216974.	19.	»
Guebwiller & Saint-Amarin . .	50835.	»	»	8472.	10.	»
Guirbaden	2025.	»	»	337.	10.	8.
Haguenau	122738.	»	»	20456.	6.	8.
Haut Landser	103725.	10.	»	17287.	11.	8.
Hirsingen	23209.	»	»	3868.	3.	4.
Hochbourg	1474.	5.	»	245.	14.	2.
Horbourg & Richewyr . . .	78548.	10.	»	13091.	8.	4.
Iffenheim	17436.	»	»	2906.	»	»
Kochersberg	61351.	»	»	10225.	3.	4.
Kutzenhausen	2442.	5.	»	407.	»	10.
Landau , prévôté	4231.	10.	»	705.	5.	»
La Petite-pierre	23843.	10.	»	3973.	16.	8.
Marckolsheim	23071.	»	»	3845.	3.	4.
Maurmoutier	20232.	10.	»	3372.	1.	8.
Massevaux & Rougemont . . .	27706.	»	»	4617.	14.	4.
Mutzig	26768.	»	»	4461.	6.	8.
Neubourg	11356.	10.	»	1892.	15.	»
Oberbronn	35127.	»	»	5854.	10.	»
Ollwiller	47080.	»	»	7846.	13.	4.
Rishoffen	6477.	15.	»	1079.	12.	6.
Ribeauvillé	134674.	»	»	22445.	13.	4.
Rouffach	100641.	10.	»	16773.	11.	8.
Saverne	24831.	»	»	4138.	10.	»
Schœneck	3531.	6.	»	588.	11.	»
Saint-Jean-des-choux . . .	4214.	10.	»	702.	8.	4.
	2259419.	6.	»	376570.	»	10.

NOMS DES BAILLIAGES.	MONTANT de LEURS IMPOSITIONS ORDINAIRES.			MONTANT de LA CONTRIBUTION pour les Routes.		
	#	s	d	#	s	d
Ci-contre	2259419.	6.	≠	376570.	≠	10.
Terres de la Nobleſſe de la baſſe Alſace.	285958.	8.	≠	47659.	14.	8.
Terres du Grand-chapitre . .	57650.	10.	≠	9608.	8.	4.
Thann	127853.	≠	≠	21308.	16.	8.
Wantzenau	76358.	10.	≠	12726.	8.	4.
Waſſelonne & Marlenheim . .	61661.	10.	≠	10276.	18.	4.
Willé	44472.	≠	≠	7412.	≠	≠
Comté de Hanau	310191.	≠	≠	51698.	10.	≠
VILLES.						
Colmar	71726.	≠	≠	11954.	6.	8.
Haguenau	20040.	10.	≠	3340.	1.	8.
Kayſersberg	8484.	≠	≠	1414.	≠	≠
Münſter	22676.	≠	≠	3779.	6.	8.
Oberenheim	32017.	≠	≠	5336.	3.	4.
Rosheim	15895.	≠	≠	2649.	3.	4.
Seleſtatt	35547.	≠	≠	5924.	10.	≠
Türckheim	6479.	≠	≠	1079.	16.	8.
Wiſſembourg	15820.	11.	6.	2636.	15.	3.
	3452249.	5.	6.	575375.	≠	11.
Landau	6323.	6.	≠	3793.	19.	≠
Fort-Louis	1239.	10.	8.	743.	14.	≠
Neuf-Briſack	1598.	14.	≠	959.	5.	≠
	9161.	10.	8.	5496.	18.	≠

NOMS DES BAILLIAGES.	MONTANT de LEURS IMPOSITIONS ORDINAIRES.			MONTANT de LA CONTRIBUTION pour les Routes.		
	℔	ſ	ᵈ	℔	ſ	ᵈ
D'autre part	9161.	10.	8.	5496.	18.	⌐
Huningue	831.	13.	4.	498.	18.	⌐
Juifs	10560.	15.	⌐	6336.	9.	⌐
	20553.	19.	.	12332.	5.	⌐

BAILLIAGES CONTESTÉS.

NOMS DES BAILLIAGES.	MONTANT de LEURS IMPOSITIONS ORDINAIRES.			MONTANT de LA CONTRIBUTION pour les Routes.		
Altſtatt & Saint-Remi . . .				5740.	6.	11.
Beinheim				2090.	10.	10.
Barbelſtein				601.	6.	6.
Dahn				1219.	18.	9.
Guttemberg				16179.	8.	2.
Haguenbach				6371.	13.	11.
Seltz				3722.	11.	8.
Lauterbourg				23098.	15.	2.
Magdenbourg				2269.	7.	10.
				61293.	19.	9.
				2332.	5.	⌐
				575375.	⌐	11.
TOTAL DE L'IMPOSITION . .				649001.	5.	8.

N.º 2.

ÉTAT des Appointemens, Gratifications & Pensions, accordés aux Directeur, Inspecteurs, Élèves, Commis, Pensionnaires & autres personnes attachées au département des Ponts & chaussées.

APPOINTEMENS.

DIRECTEUR GÉNÉRAL :

		₶	s	d
M. CHARPENTIER		7100.	⸗	⸗

INSPECTEURS :

MM. CHRISTIANI	1800	⸗	⸗		
CHASSAIN	1800	⸗	⸗		
CONRAD	1800	⸗	⸗		
STROLTZ	1800	⸗	⸗	12600.	⸗ ⸗
MüLLER	1800	⸗	⸗		
RONDOUIN	1800	⸗	⸗		
SIX	1800	⸗	⸗		

ÉLÈVES.

MM. TIRAN	800	⸗	⸗		
GOUJET	800	⸗	⸗		
SPINDLER	800	⸗	⸗		
SCHMIDT	800	⸗	⸗	5600.	⸗ ⸗
BRESLÉ	800	⸗	⸗		
FILLIETTE	800	⸗	⸗		
MESSIER	800	⸗	⸗		

	25300.	⸗ ⸗

			#	ſ	ð
De l'autre part . .		25300.	#	#
MM. PETIN, Infpecteur particulier					
& Deffinateur	600. # #	1200.	#	#
GUERIN, *idem*, & Secrétaire	600. # #				
Le S.ʳ ROBERT, Commis		400.	#	#

PENSIONNAIRES.

		#	ſ	ð
M.ᵐᵉ la veuve PETIN	300. # #			
M.ᵐᵉ la veuve CHRISTIANI .	200. # #			
M.ᵐᵉ la veuve ERAMBERT . .	150. # #			
M.ᵐᵉ la veuve GOUJET . . .	150. # #	1950.	#	#
Au S.ʳ JONAS, ancien Conducteur	150. # #			
A M. LEROY, Infpecteur, pour				
ſa retraite	1000. # #			

GRATIFICATIONS.

MM. CHASSAIN, Infpecteur . . .	300. # #			
SIX . . . *Idem*	600. # #	1200.	#	#
RONDOUIN, *Idem*	300. # #			
MM. BRESLÉ, Éléve . 200 # ſ ð				
Et ſur les fonds faits	342. 8. 4.			
pour Herlisheim 142. 8. 4.				
TIRAN, Éléve du Diſtrict de		1227.	8.	4.
Colmar	405. # #			
FILLIETTE, Éléve	280. # #			
SCHMIDT, Éléve	200. # #			
Les S.ʳˢ STEINMETZ, ancien Éléve du				
Diſtrict de Colmar	300. # #			
ROYER, ancien Commis du Diſtrict				
de Haguenau	325. # #			
BECK, ancien Commis	100. # #			
	725. # #	31277.	8.	4.

		#	ſ	ɣ
Ci-contre : . : : : :		31277.	8.	4.
Idem en lignes 725 # ſ ɣ				
Les S.ʳˢ ERNST, ancien Commis . . . 100 # #				
CONRAD, *Idem* . . . : . 100 # #		1317.	16.	#
BOURGEOIS, Commis au Diſtrict de Colmar . . . . . . 392.16. #				
TOTAL . : :		32595.	4.	4.

N.º 3.

ÉTAT des Indemnités allouées aux Entrepreneurs des travaux d'entretien des Routes d'Alsace pour 1787.

NUMÉROS des ATELIERS.	NOMS DES ENTREPRENEURS.	MONTANT des INDEMNITÉS.	
	Les sieurs	liv.	f.
Atelier 1	GERARD de Belfort. . . . . *pour mémoire.*	"	"
Atelier 2	BORNEQUE de Befoncourt . . . . *Idem* (*)	"	"
Atelier 3	ZIMMERMANN d'Afpach	600.	"
Atelier 4	HOENER d'Altkirch	197.	"
Atelier 5	BIENZ de Sierentz	766.	8.
Atelier 6	BRODHAG d'Ottmarsheim	1111.	"
Atelier 7	THEVENIN de Biesheim	240.	"
Atelier 8	CHRISTEN de Ribeauvillé	1600.	"
Atelier 9	SCHENCKBECHER de Münfter	1700.	"
Atelier 10	RISACHER d'Iffenheim	600.	"
Atelier 11	BARTHLEMÉ de Sand	2400.	"
Atelier 12	KLEIN de Still	4000.	"
Atelier 13	HÜRSTEL d'Ebersheimmünfter	3300.	"
Atelier 14	KORNMANN de Wefthaufen	2400.	"
Atelier 15	BRUDER & AUGST de Mutzig	4200.	"
Atelier 16 Atelier 17	EMANUEL SCHOTT de Schiltigheim	5250.	"
Atelier 18	BERTRAND de Bifchweiler	4300.	"
Atelier 19	SCHNAERINGER de Gambsheim	5700.	"
Atelier 20 Atelier 21 Atelier 22	WENGER de Waffelonne	11000.	"
Atelier 23	SARCELLES du Fort-Louis	5600.	"
Atelier 24	BARBE de Lembach	4000.	"
Atelier 25	WERNER de Refchwoog	2200.	"
Atelier 26	GRAFF du Fort-Louis	4000.	"
Atelier 27	HOFFMANN de Rheinzabern	1165.	"
	TOTAL des Indemnités	66329.	8.

(*) Ces deux adjudicataires ayant oppofé le refus le plus opiniâtre aux offres de la Commiffion intermédiaire, qui vouloit leur accorder 800 livres à chacun, cette conteftation a été foumife à M. l'Intendant, & ce n'eft qu'après qu'il aura prononcé, que l'on pourra fixer le montant des indemnités qui leur font dues.

N.° 4.

TABLEAU
DU PRIX DES ADJUDICATIONS
DES ATELIERS DES ROUTES.

DISTRICT DE WISSEMBOURG.

DÉSIGNATION DES ROUTES, avec le Numéro de chacune, d'après l'État général pour la Province.	Numéros des ateliers du District	Étendue de chaque atelier.	NOMS ET DEMEURES DES ADJUDICATAIRES.	PRIX de L'ADJUDICATION.	
		Toises.		*liv.*	*f.*
Route du Rhin par Lauterbourg & Rhinzabern, *N.° 3.*	1	2000	Cappler de Beinheim.	900.	⁂
	2	2000	Knoepfler de Lauterbourg.	1100	⁂
	3	2000	Heitzelmann de Wintzenbach.	1600.	⁂
	4	2000	Richter de Neuweiller.	1900.	⁂
	5	1756	Dick de Lauterbourg.	940.	⁂
	6	2000	Lièvre de Lauterbourg.	960.	⁂
	7	2000	Dick de Lauterbourg.	1710.	⁂
	8	2234	Meyer de Candel.	3400.	⁂
	9	3562	Gerft de Candel.	4900.	⁂
	10	1500	Bruner de Rheinzabern.	1300.	⁂
	11	1613	Stüberrach de Rültzheim.	2020.	⁂
Communication du bac de Lauterbourg, ... *N.° 88.*	12	1390	Burgard de Lauterbourg.	390.	⁂
Communication du Bailliage de Haguenbach, . . *N.° 90.*	13	2718	Scherer de Berg.	380.	⁂
	14	2801	Erdel de Neubourg.	420.	⁂
	15	4390	Scherer de Haguenbach.	790.	⁂
Route de Candel à Landau, *N.° 23.*	16	1070	Mouffat de Candel.	890.	⁂
	17	979	Desportes de Landau.	685.	⁂
Communication de Bugelberg, *N.° 83.*	18	. . . .	*Abandonnée pour 1788.*		
		36013		24285.	⁂

M

DÉSIGNATION DES ROUTES, avec le Numéro de chacune, d'après l'État général pour la Province.	Numéros des ateliers du District.	Étendue de chaque atelier.	NOMS ET DEMEURES DES ADJUDICATAIRES.	PRIX de L'ADJUDICATION.	
		Toises.		*liv.*	*f.*
De l'autre part	. . . .	36013	. . . .	24285.	z
Route de Bitſch par Wiſſembourg à Candel, . N.° 22.	19	4000	Burger d'Oberſteinbach.	580.	z
	20	4000	Trautmann de Matſchthal.	690.	z
	21	4000	Frey de Wingen . , . .	770.	z
	22	1582	Wœrtz de Lembach . . .	650.	z
	23	4000	Stübel d'Altenſtatt	1700.	z
	24	2365	Frech de Wolmarsweiler.	1500.	z
	25	2000	Sigfrid de Surbourg . . .	1395.	z
	26	2000	Schneider de Monnolshoffen.	1390.	z
	27	1752	Sigfrid de Surbourg . . .	1500.	z
Route de Haguenau à Wiſſembourg, . . . N.° 12.	28	1110	Malherbe de Wiſſembourg.	3300.	z
	29	2000			
	30	1849			
	31	2400	Thomas d'Altenſtatt . . .	950.	z
	32	2223	*Idem*	1790.	z
	33	1777	Lang de Landau	500.	z
	34	1810	Desportes de Landau . . .	1300.	z
Route de Lauterbourg à Wiſſembourg . . . N.° 46.	35	3000	Striebich de Salmbach . .	960.	z
	36	3000	*Idem*	950.	z
	37	2919	Stübel d'Altenſtatt	1000.	z
	38	. . .	*Abandonné pour* 1788.	z	z
Route de Roppenheim à Wörth, N.° 26	39	4000	Demler de Hatten	740.	z
	40	4000	Fiſcher de Hatten	1990.	z
	41	4000	Heberlé de Reichshoffen . .	2000.	z
	42	3748	*Idem*	850.	z
		99848		50830.	z

DÉSIGNATION DES ROUTES, avec le Numéro de chacune, d'après l'État général pour la Province.	Numéros des ateliers du Diſtrict.	Étendue de chaque atelier.	NOMS ET DEMEURES DES ADJUDICATAIRES.	PRIX de L'ADJUDICATION.	
		Toiſes.		*liv.*	*ſ.*
Ci - contre	. . . .	99848	. . . .	50830.	ſ
Route de Mertzwiller à Péters-bach . . . . . N.º 49.	43	4000	Meyer de Mertzwiller . . .	1000.	ſ
	44	4909	Scholler de Schalkendorff . .	700.	ſ
	45	2126	Merckel de Pfaffenhoffen . .	530.	ſ
	46	4000	Biery de Doſſenheim . . .	1590.	ſ
	47	5868	Eiſenecker de la Petite-pierre.	1800.	ſ
Route de la Petite - pierre à Phalsbourg . . . N.º 29.	48	4654	Clément d'Eſchbourg . . .	390.	ſ
Route de Phalsbourg à Bou-quenom . . . N.º 30.	49	984	Gottlieb de Wintersbourg .	130.	ſ
	50	624	Eiſenecker de la Petite-pierre.	125.	ſ
Communication d'Ingwiller à Lichtemberg . . N.º 51.	51	2326	Kuhn de Schillersdorff . .	150.	ſ
Communication d'Ingwiller à Robach . . . . N.º 52.	52	2872	*Idem*	425.	ſ
Route de Haguenau à Bitfche, N.º 21.	53	4000	Oberlé de Reichshoffen . .	950.	ſ
	54	4803	Balmer de Niederbronn . .	955.	ſ
Communication de Zinswiller à Niederbronn . . N.º 52.	55	2552	Ziller de Niederbronn . .	410.	ſ
		143566		59985.	ſ

Pour réparation faite au troiſième atelier . . . . 88. ſ

TOTAL du prix des adjudications des ateliers des routes enclavées dans le DISTRICT DE WISSEMBOURG . . . . 60073. ſ

N.° 5. DISTRICT DE HAGUENAU.

DÉSIGNATION DES ROUTES, avec le Numéro de chacune, d'après l'État général pour la Province.	Numéros des ateliers du District.	Étendue de chaque atelier.	NOMS ET DEMEURES DES ADJUDICATAIRES.	PRIX de L'ADJUDICATION.	
		Toises.		liv.	f.
	1.	1095	Rubach d'Eckartsweiler . .	994.	ƒ
	2	474	André de Saverne	116.	ƒ
	3	2000	Lerch de Maurmoutier . .	1140.	ƒ
Route de Paris à Strasbourg & en Allemagne par Saverne, Maurmoutier & Waffelonne, N.° 1.	4	2000	*Idem*	820.	ƒ
	5	2000	Lux de Singrift	1320.	ƒ
	6	2000	Fifcher de Waffelonne . .	1940.	ƒ
	7	2000	Adam de Marlenheim . .	2390.	ƒ
	8	2000	Narth de Firdenheim . . .	2500.	ƒ
	9	2000	Weber d'Ittenheim	2500.	ƒ
	10	ƒ ƒ	*Abandonné pour 1788, faute d'Entrepreneur qui ait voulu s'en charger.*		
	11	ƒ ƒ	*Idem.*		
	12	ƒ ƒ	*Idem.*		
Route de Strasbourg à Saverne par Wiltheim & Stützheim, N.° 18.	13	ƒ ƒ	*Idem.*		
	14	ƒ ƒ	*Idem.*		
	15	ƒ ƒ	*Idem.*		
	16	ƒ ƒ	*Idem.*		
	17	ƒ ƒ	*Idem.*		
	18	ƒ ƒ	*Idem.*		
	19	ƒ ƒ	*Idem.*		
Route de Strasbourg à Saverne par Brumpt, . . N.° 11.	20	2000	Schlagdenhoffen de Hoenheim	1590.	ƒ
	21	2000	*Idem*	1890.	ƒ
	22	2000	Hirn de Brumpt	1940.	ƒ
		21569		19140.	ƒ

DÉSIGNATION DES ROUTES, avec le Numéro de chacune, d'après l'État général pour la Province.	Numéros des ateliers du District.	Étendue de chaque atelier.	NOMS ET DEMEURES DES ADJUDICATAIRES.	PRIX de L'ADJUDICATION.	
		Toises.		liv.	f.
Ci-contre.	. . .	21569	. . . .	19140.	$
Route de Strasbourg à Saverne par Brumpt, . . N.° 11.	23	2000	Hart de Brumpt	1040.	$
	24	2000	Spiefs de Brumpt	450.	$
	25	2000	Roll de Dettwiller . . .	840.	$
	26	2000	Mandel de Hochfelden . .	670.	$
	27	2000	Roll de Dettwiller	900.	$
	28	2000	Binder de Dettwiller . . .	736.	$
	29	2000	Sardori de Saverne	690.	$
	30	1310	Ballenreich de Saverne . .	400.	$
Communication de Vendenheim, ... N.° 80.	31	500	Brand de Vendenheim . .	150.	$
Communication de Hochfelden à Schafhaufen, . N.° 54.	32	1474	Roll de Dettwiller . . .	175.	$
Communication de Wilfisheim à Ingenheim, . . N.° 53.	33	1567	Schweitzer d'Ingenheim . .	195.	$
Communication de Strasbourg en Lorraine allemande par Bouxviller, depuis Schwindratzheim, . . N.° 20.	34	3000	Roll de Dettwiller	1060.	$
	35	4280	Idem	1380.	$
Communication de Bouxviller à la route d'Ingviller à Pfaffenhoffen, . . . N.° 32.	36	2553	Merkel de Pfaffenhoffen . .	778.	$
Route de Neuwiller à Saverne jufqu'à Steinbourg, N.° 50.	37	3082	Stoeckel de Dofenheim . .	700.	$
Route de Bouxviller à Saverne, depuis fon embranchement au-deffous de Steinbourg jufqu'à Saverne, . . N.° 31.	38	2239	Sardori de Saverne	334.	$
Route de Bouxviller en haute Alface par Steinbourg & Furchhaufen jufqu'à Waffelonne, ... N.° 28.	39	4000	Scholler d'Imbsheim . . .	960.	$
	40	2008	Basler d'Otterfthal	530.	$
	41	1980	Roederer de Waffelonne . .	660.	$
		63562		31728.	$

DÉSIGNATION DES ROUTES, avec le Numéro de chacune, d'après l'État général pour la Province.	Numéro des ateliers du District.	Étendue de chaque atelier.	NOMS ET DEMEURES DES ADJUDICATAIRES.	PRIX de L'ADJUDICATION.
		Toises.		*liv.* *f.*
De l'autre part	. . .	63562	. . . .	31728. ʒ
Route de Waffelonne aux carrières, ... N.º 33.	42	ʒ ʒ ʒ	*Abandonné pour* 1788.	
Route de Séleftatt à Saverne par Oberehnheim jufqu'à la jonction de la route de Strasbourg à Saverne au-deffous de Marlenheim . . N.º 13.	43	870	Bauer de Waffelonne . . .	560. ʒ
	44	2000	Burel de Waffelonne . . .	1540. ʒ
	45	ʒ ʒ	*Abandonné pour* 1788.	
Communication de Flexbourg à la route de Séleftatt à Saverne N.º 82.	46	ʒ ʒ	*Idem.*	
Communication de Dachftein à Ergersheim, . . N.º 81.	47	446	Schneider d'Ergersheim . .	70. ʒ
Route de Strasbourg aux carrières de Soultz-les-bains, N.º 34.	48	4781	Schneider d'Ergersheim . .	1470. ʒ
	49	4000	Ruel de Schaeffolsheim . .	1380. ʒ
	50	2000	Burggraf de Strasbourg . .	1300. ʒ
	51	2000	Paulus de la Wantzenau . .	740. ʒ
	52	2000	Feltz de Kilftett	1360. ʒ
	53	2000	Schneringer de Gambsheim.	1485. ʒ
Route de Lyon à Strasbourg & en Palatinat, . . N.º 3.	54	2000	Grofs de Herrlisheim . . .	1380. ʒ
	55	2000	Wenger de Rohrwiller . .	1100. ʒ
	56	2000	Gabel de Drufenheim . . .	990. ʒ
	57	2000	Klein de Dengolsheim . .	760. ʒ
	58	2000	Wolff de Runzenheim . . .	850. ʒ
	59	2505	Gehringer de Refchwog . .	1240. ʒ
Route de Strasbourg à Bifchwiller, depuis fon embranchement au-deffous de Hoenheim, ... N.º 25.	60	4000	Thomas de Richftett . . .	1680. ʒ
	61	4000	Hufs de Wirsheim	2200. ʒ
	62	2172	Bertrand de Bifchwiller . .	900. ʒ
		106336		52733. ʒ

DÉSIGNATION DES ROUTES, avec le Numéro de chacune, d'après l'État général pour la Province.	Numéros des ateliers du Diſtrict.	Étendue de chaque atelier.	NOMS ET DEMEURES DES ADJUDICATAIRES.	PRIX de L'ADJUDICATION.	
		Toiſes.		liv.	f.
Ci-contre	. . .	106336	. . . .	52733.	ʃ
Route du Fort-Louis à Reſch-wog, ... N.º 47.	63	1185	Kocher de Reſchwog . . .	270.	ʃ
Route du Fort-Louis à Haguenau, ... N.º 48.	64	4000	Halter de Soufflenheim . .	606.	ʃ
	65	ʃ ʃ	En régie.		
Route de Strasbourg à Landau par Haguenau, depuis ſon embranchement ſur celle de Strasbourg à Saverne par Brumpt, ... N.º 12.	66	2000	Hart de Brumpt	1100.	ʃ
	67	2000	Binder de Haguenau . . .	1860.	ʃ
	68	1323	Idem	480.	ʃ
	69	ʃ ʃ	Abandonné pour 1788.		
	70	ʃ ʃ	Idem.		
Communication de Haguenau à Saverne par Mommenheim, N.º 27.	71	3850	Merckel de Haguenau . . .	1726.	ʃ
Route de Strasbourg à Bitſche par Niederbronn, depuis ſon embranchement à la porte de Haguenau, N.º 21. . . .	72	4084	Idem	2930.	ʃ
Route de Mertzwiller à Niederaltorff par Neubourg, N.º 55.	73	ʃ ʃ	Abandonné pour 1788.		
Communication de Neubourg à Niedermotteren, . N.º 79.	74	ʃ ʃ	Abandonné pour 1788.		
L'atelier Nro. 65 en régie pour ſalaires du Cantonnier		4910	. . . .	300.	ʃ
		129688		62005.	ʃ
Pour déblai de neige, extraordinaire				64.	4.
TOTAL du prix des adjudications des ateliers des routes enclavées dans le DISTRICT DE HAGUENAU				62069.	4.

N.° 6.

DISTRICT DE SÉLESTATT.

DÉSIGNATION DES ROUTES, avec le Numéro de chacune, d'après l'État général pour la Province.	Numéros des ateliers du Diſtrict.	Étendue de chaque atelier.	NOMS ET DEMEURES DES ADJUDICATAIRES.	PRIX de L'ADJUDICATION.	
		Toiſes.		*liv.*	*ſ.*
	1	2000	Sengel d'Illkirch	640.	ſ
	2	2000	Bechler de Wibolsheim . .	600.	ſ
	3	2000	Klein d'Hipsheim	640.	ſ
	4	2000	Ritter de Rosfeld	640.	ſ
	5	2000	Weltz de Gerſtheim . . .	700.	ſ
Route de Strasbourg à Bâle par Marckolsheim, Neuf-Briſack &c. . . . . . N.° 4.	6	2000	Paccot de Rhinau	700.	ſ
	7	2000	Walter de Frieſenheim . .	700.	ſ
	8	2000	Keſſer de Mietersholtz . .	600.	ſ
	9	2000	Gruber de Sundhauſen . .	650.	ſ
	10	2000	Gerſter de Saſſenheim . . .	650.	ſ
	11	2000	Herth d'Artolsheim . . .	600.	ſ
	12	2000	Jehl de Marckolsheim . . .	600.	ſ
	13	2194	Walter de Marckolsheim . .	700.	ſ
Communication de Marckolsheim à Illheuſern , N.° 59.	14	4833	Schmitt d'Elſenheim . . .	850.	ſ
Route de Marckolsheim en Lorraine par Sainte-Marie-aux-mines , ... N.° 9.	15	3016	Bueb d'Onnenheim	760.	ſ
	16	2854	Lautour de Séleſtatt . . .	1900.	ſ
	17	2090	Pfeiffer de Dambach . . .	679.	5.
	18	2893	Four de Tieffenbach . . .	1012.	11.
Route de Séleſtatt en Lorraine par le Val de Villé , N.° 19.	19	4000	Sprauel de Villé	600.	ſ
	20	4000	Four de Tieffenbach . . .	800.	ſ
	21	4000	Clavelin de Steige	1000.	ſ
	22	3031	Florant de Bruche	454.	13.
		56911		16476.	9.

DÉSIGNATION DES ROUTES, avec le Numéro de chacune, d'après l'État général pour la Province.	Numéros des ateliers du District.	Étendue de chaque atelier.	NOMS ET DEMEURES DES ADJUDICATAIRES.	PRIX de L'ADJUDICATION.	
		Toises.		*liv.*	*f.*
Ci-contre	. . .	56911	. . . .	16476.	.
Communication d'Artolsheim à Schnellenbühl, . N.º 60.	23	3140	Grell de Heffenheim . . .	600.	*
	24	2000	Lautour de Séleftatt . . .	1300.	*
	25	2000	*Idem*	900.	*
	26	2000	Wetter de Séleftatt	900.	*
	27	2000	Müller de Sermersheim . .	1650.	*
	28	2000	Andlauer de Kogenheim . .	1000.	*
Route de Lyon à Strasbourg & en Palatinat, . N.º 3.	29	2000	Kornmann de Wefthaufen .	1000.	*
	30	2000	Neef de Matzenheim . . .	1000.	*
	31	2000	Koehler d'Erftein	1000.	*
	32	2000	Kornmann de Northaufen . .	1400.	*
	33	2000	Hansmænel de Fegersheim .	1050.	*
	34	2789	Simendinger de Geispoltzheim	1464.	*
	35	2000	Krencker de Lingolsheim . .	950.	*
	36	2000	Klein de Still	900.	*
Route de Strasbourg en Lorraine par Mutzig & la Vallée de Schirmeck, . . N.º 10.	37	4000	Wilm de Dachftein . . .	1200.	*
	38	4000	Klein de Still	1300.	*
	39	4000	Wick d'Urmatt	1000.	*
	40	4000	Schuler d'Urmatt	1000.	*
	41	5044	Wick d'Urmatt	1008.	16.
Route de Strasbourg à Séleftatt par Niederehnheim, depuis Entzheim jufqu'au-deffous de Guertwiller, . N.º 24.	42	4000	Wolff de Blæsheim	2800.	*
	43	3610	Helbourg d'Oberehnheim . .	3190.	*
	44	2000	Ulrich de Blienfchwiller .	600.	*
Route de Séleftatt à Saverne par Oberehnheim, N.º 13.	45	2000	Spitz d'Epffig	850.	*
	46	2000	*Idem*	1000.	*
		121494		45539.	5.

O

DÉSIGNATION DES ROUTES, avec le Numéro de chacune, d'après l'État général pour la Province.	Numéros des ateliers du Diftrict.	Étendue de chaque atelier.	NOMS ET DEMEURES DES ADJUDICATAIRES.	PRIX de L'ADJUDICATION.	
		Toifes.		*liv.*	*f.*
De l'autre part	. . . .	121494	. . . .	45539.	5.
Route de Séleftatt à Saverne par Oberehnheim, *N.º 13.*	47	2000	Blanck de Barr	900.	*s*
	48	2000	Helbourg d'Oberehnheim . .	1800.	*s*
	49	2000	Eggs d'Oberchnheim . . .	1550.	*s*
	50	2000	Klein de Still	1400.	*s*
	51	2119	Gross de Molsheim . . .	741.	13.
Communication d'Andlau à la route de Séleftatt à Saverne, *N.º 58.*	52	4428	Rieffel d'Andlau	1200.	*s*
Communication de Barr à la route de Séleftatt à Saverne, *N.º 57.*	53	1831	Blanck de Barr	700.	*s*
Communication de Niederehnheim au Klingenthal, *N.º 36.*	54	4041	Eggs d'Oberehnheim . . .	1500.	*s*
Communication de Rosheim & Bœrfch à la route de Séleftatt à Saverne, . . *N.º 56.*	55	1058	Klein de Still	400.	*s*
Route de Rhinau à Saint-Pierre par Benfelden, . *N.º 35.*	56	4000	Simler de Rhinau	1300.	*s*
	57	*s s*	*Abandonné pour* 1788.		
	58	2279	Schultz de Stolzheim . . .	700.	*s*
Communication d'Ebersheimmünfter au Val de Villé, *N.º 38.*	59	4680	Four de Tieffenbach . . .	1462.	10.
Les deux communications d'Erftein à la route de Strasbourg à Béfort, . . . *N.º 78.*	60	1373	Efterr d'Erftein	300.	*s*
		155303			

TOTAL du prix des adjudications des ateliers des routes enclavées dans le DISTRICT DE SÉLESTATT . . . . 59493. 8.

N.º 7.

DISTRICT DE COLMAR.

DÉSIGNATION DES ROUTES, avec le Numéro de chacune, d'après l'État général pour la Province.	Numéros des ateliers du District.	Étendue de chaque atelier.	NOMS ET DEMEURES DES ADJUDICATAIRES.	PRIX de L'ADJUDICATION.
		Toises.		liv. f. d.
Route de Lyon à Strasbourg par Béfort, Colmar &c. *N.º 3.*	1	2007	Reichert de Colmar	694. 14. 9.
	2	2018	Vogel de Colmar	810. 10. 6.
	3	2000	Deyber d'Oftheim	1200. ſ ſ
	4	2415	Rofer de Bergheim	1600. ſ ſ
Communication de Colmar au pont de cette ville, à la Poudrerie royale , . . *N.º 62.*	5	2682	Wimpffen de Colmar	515. 15. 9.
Communication de Colmar à la Vallée de Munfter , *N.º 39.*	6	4000	Soutter de Wintrenheim . .	1300. ſ ſ
	7	4000	Reifer de Walbach , . . .	900. ſ ſ
	8	3252	Steiner de Mühlbach . . .	500. ſ ſ
Route de Brifack en Lorraine par Colmar , Ingersheim & lé Bonhomme , . . *N.º 8.*	9	2000	Huber de Wettolsheim . .	689. 9. 6.
	10	2000	Vincent d'Ingersheim . . .	650. ſ ſ
	11	2000	Stentz d'Ammerfchwyr . . .	894. 14. 9.
	12	2000	Bichly de Kayfersberg , . .	500. ſ ſ
	13	2006	Willemin d'Hachimet . . .	495. ſ ſ
	14	2036	Bertrand de la Poutroie . .	560. ſ ſ
	15	3150	Demangeat de Bonhomme . .	740. ſ ſ
Communication de Kientzheim à la Chapelle du Rofaire , *N.º 14.*	16	3158	Buch de Sigolsheim	800. ſ ſ
Communication d'Oftheim à Richwyhr , & Bennwyhr , *N.º 61.*	17	4515	Minoux de Sigolsheim . .	800. ſ ſ
		45238		13650. 5. 3.

DÉSIGNATION DES ROUTES, avec le Numéro de chacune, d'après l'État général pour la Province.	Numéros des ateliers du District.	Étendue de chaque atelier.	NOMS ET DEMEURES DES ADJUDICATAIRES.	PRIX de L'ADJUDICATION.		
		Toifes.		*liv.*	*f.*	*d.*
De l'autre part	. . .	45238	. . . .	13650.	5.	3.
Communication d'Oftheim à Ribeauvillé , . . N.º 37.	18	2480	Chriften de Ribeauvillé . .	2000.	″	″
	19	4000				
Route de Marckolsheim à Ste-Marie-aux-mines par Guémar, N.º 59.	20	4000	Farney de Sainte-Marie . .	1500.	″	″
	21	4937				
	22	2000	Stentz de Wetolsheim . . .	895.	″	″
	23	2194	Bicchy d'Obermorfchwyr . .	960.	″	″
Route de Lyon à Strasbourg par Béfort & Colmar, continuation de la route N.º 59. N.º 3.	24	2000	Abtey d'Alftatt	980.	″	″
	25	2000	Rumer de Pfaffenheim . .	930.	″	″
	26	2380	Grofs de Gundolsheim . .	720.	″	″
	27	2000	Wohl de Hartmansweiller .	608.	″	″
	28	2451	Muchart de Berwiller . . .	600.	″	″
Communication d'Iffenheim à Guebwiller , . . N.º 65.	29	1600	Reiffacher d'Iffenheim . . .	283.	″	″
Communication des Vallées de Murbach & Lautenbach à la route de Colmar à Bâle, N.º 40.	30	3915	Bichler de Guebwiller . . .	800.	″	″
	31	4316	Baumann de Bollwiller . .	896.	″	″
Communication d'Iffenheim à Cernay , ... N.º 64.	32	3856	Wohl de Hartmansweiller .	665.	″	″
Communication de Sultzmatt à la route de Béfort à Colmar, N.º 75.	33	1597	Boefch de Sultzmatt . . .	550.	″	″
Communication de Rouffach à la route de Colmar à Bâle, N.º 77.	34	2596	Frick de Rouffach	1000.	″	″
	35	2000	Umdenftock de Sundhoffen .	1470.	″	″
Route de Colmar à Bâle par Enfisheim , . . . N.º 6.	36	2000	Burtz de Sainte-Croix . .	1050.	″	″
	37	2000	Ruprecht de Niederhergheim.	600.	″	″
	38	2000	Lach d'Oberhergheim . . .	800.	″	″
		101560		30957.	5.	3.

DÉSIGNATION DES ROUTES, avec le Numéro de chacune, d'après l'État général pour la Province.	Numéros des ateliers du Diftrict.	Étendue de chaque atelier.	NOMS ET DEMEURES DES ADJUDICATAIRES.	PRIX de L'ADJUDICATION.		
		Toifes.		*liv.*	*f.*	*d.*
Ci-contre	. . .	101560	. . . .	30957.	5	3.
Route de Colmar à Bâle par Enfisheim, . . . N.º 6.	39	2000	Pfulb de Meyenheim . . .	600.	»	»
	40	1998	Siffert de Régisheim . . .	730.	»	»
	41	2418	Keiffling d'Enfisheim . . .	700.	»	»
Route d'Enfisheim à Cernay, N.º 7.	42	3502	Meyer d'Enfisheim	450.	»	»
Communication de Colmar à la route du Rhin par Horbourg & Wyhr, . . . N.º 63.	43	3036	Barnabé d'Oltzwyr . . .	600.	»	»
Route de Brifack à Colmar, continuation de la route ci-deffus, ... N.º 8.	44	2000	Obrecht d'Andolsheim . .	595.	»	»
	45	2000	Idem	485.	»	»
	46	1934	Heitzler de Wolfgantzheim .	550.	»	»
Communication du Bac du Vieux-Brifack, . N.º 85.	47	2297	Wohlzmuth de Wolfgantzheim	300.	»	»
	48	» »	N'exifte pas.			
Route de Strasbourg à Bâle par Marckolsheim & Neuf-Brifack, ... N.º 4.	49	2000	Fuchs de Fortfchwyr . . .	600.	»	»
	50	2000	Ambiehl d'Urfchheim . . .	630.	»	»
	51	2000	Thévenin de Biesheim . . .	700.	»	»
	52	2000	Wagner d'Agolsheim . . .	650.	»	»
	53	2000	Rudolff de Heiteren . . .	630.	»	»
	54	2000	Heimburger de Feffenheim .	585.	»	»
	55	2000	Rudolff de Blodelsheim . .	680.	»	»
	56	2552	Rietfch de Rumersheim . .	678.	»	»
		139296		11192.	5.	3.
Pour réparations de deux brèches fur la chauffée de Colmar à Béfort				115.	»	»
Rechargement des avenues de Brifack				383.	12.	6.
Plus, fur la ville de Brifack la fomme de 127 liv. 11 f. 6 den.						
Pour déblai de neige, extraordinaire				124.	»	»
Eftacade du pont de Horbourg				50.	»	»

TOTAL du prix des adjudications des ateliers des routes enclavées dans le DISTRICT DE COLMAR . . . . 41864. 17. 9.

N.º 8.
DISTRICT DE HUNINGUE.

DÉSIGNATION DES ROUTES, avec le Numéro de chacune, d'après l'État général pour la Province.	Numéros des ateliers du Diſtriⷯ.	Étendue de chaque atelier.	NOMS ET DEMEURES DES ADJUDICATAIRES.	PRIX de L'ADJUDICATION.
		Toiſes.		liv. ſ. d.
Embranchement de Landſer ſur la route de Colmar à Bâle, N.º 76.	1	1645	Hug de Schlierbach . . .	315. 16. ;
Route de Colmar à Bâle & Huningue par Enſisheim, N.º 6.	2	2000	Stakler de Battenheim . . .	589. 9. 6.
	3	2000	Idem	621. 1. ,
	4	2000	Sohler de Saasheim . . .	515. 16. ,
	5	2000		
	6	2000	Bientz de Sierentz	2103. 5. 6.
	7	2000		
	8	1684	Kauflin de Bartenheim . .	600. ; ;
Route de Ferrette à Huningue & Bâle, . . . N.º 44.	9	2000	Ruetſch de Bouxwiller . .	357. 18. ;
	10	2000	Gueth d'Oberhagenthal . .	526. 6. 6.
	11	; ;	En régie.	
	12	2468	Müller de Niedermichelbach.	947. 7. 6.
Route de Paris à Bâle par Béfort, ... N.º 2.	13	2000	Himmelberger de Ballersdorf.	442. 2. ;
	14	2000	Rolla d'Altkirch	315. 16. ;
	15	2000	Idem	410. 10. 6.
	16	2000	Idem	494. 14. 6.
	17	2000	Idem	526. 6. 6.
	18	2000	Yelk d'Altkirch	536. 16. 9.
	19	2000	Bubendorf de Niederaspach.	452. 12. 6.
	20	2000	Tſchielin, dudit lieu . . .	452. 12. 6.
	21	3046	Wichy de Héſingen	842. 2. ;
		40843		11052. 13. 3.

DÉSIGNATION DES ROUTES, avec le Numéro de chacune, d'après l'État général pour la Province.	Numéros des ateliers du Diſtrict	Étendue de chaque atelier.	NOMS ET DEMEURES DES ADJUDICATAIRES.	PRIX de L'ADJUDICATION.
		Toiſes.		*liv. ſ. d.*
Ci-contre	. . .	40843	. . . .	11052. 13. 3.
	22	2000	Seiler de Bauzenheim . . .	526. 6. 6.
	23	2000	Brodhag d'Ottmarsheim . .	631. 11. 6.
Route de Strasbourg à Bâle par Marckolsheim & Briſack, N.º 4	24	2000		
	25	2000		
	26	2000		
	27	2000	Henna & Sponeck de Kembs.	2789. 9. ſ
	28	2000		
	29	1992		
Communication de Huningue ſur la route de Strasbourg à Bâle, N.º 73	30	1804		
	31	2000	Riehr de Luenſchwiller . .	778. 18. 9.
	32	2000	Rieder de Zillisheim . . .	494. 14. 6.
	33	2000	Walch de Wahlheim . . .	347. 7. 6.
Communication de la route de Colmar à Bâle depuis Battenheim, Mühlhauſen, Brunſtatt, Altkirch & Ferrette, N.º 41	34	2000	*Idem*	242. 2. ſ
	35	2000	Rolla d'Altkirch	189. 9. 6.
	36	2000	*Idem*	200. ſ ſ
	37	2000	*Idem*	326. 6. 6.
	38	2000	Berger de Biſel	760. ſ ſ
Communication des vallées de Murbaoh & Lautenbach à la route de Colmar à Bâle & à celle de Briſack à Bâle, N.º 40	39	3072	Schlinger de Wittenheim .	1263. 3. ſ
	40	ſ ſ	*En régie.*	
Communication de Thann à la route ci-deſſus N.º 40 .. N.º 16.	41	2000	Wagner de Reiningen . . .	526. 6. 6.
	42	ſ ſ	*En régie.*	
		79691		19928. 8. 6.

DÉSIGNATION DES ROUTES, avec le Numéro de chacune, d'après l'État général pour la Province.	Numéros des ateliers du District.	Étendue de chaque atelier.	NOMS ET DEMEURES DES ADJUDICATAIRES.	PRIX de L'ADJUDICATION.
		Toises.		*liv. f. d.*
De l'autre part, ...	. . .	79691	. . . . . , , ...	19928. 8. 6.
Communication . d'Altkirch à Hagenbach, . . N.º 43.	43	1935	Burger de Struel	452. 12. 6.
Communication d'Hirfingen à la route d'Altkirch à Béfort, N.º 68.	44	ʃ ʃ ʃ	*Non ratifié.*	20381. 1. ʃ
L'atelier N.ro 11 en régie, pour falaires des Ouvriers		200c	. . . .	1692. 19. 6.
L'atelier N.ro 40 *Idem ,* pour *Idem* .		ʃ ʃ	*Pour mémoire , n'y ayant point encore été exécuté de travail.*	
L'atelier N.ro 42 *Idem .* pour *Idem* .		1538	. . . .	666. 17. ʃ
		85164		

TOTAL du prix des adjudications des ateliers des routes enclavées dans le DISTRICT DE HUNINGUE . . . .   22740. 17. 6.

N.º 9.

DISTRICT DE BÉFORT.

DÉSIGNATION DES ROUTES, avec le Numéro de chacune, d'après l'Etat général pour la Province.	Numéros des ateliers du District.	Étendue de chaque atelier.	NOMS ET DEMEURES DES ADJUDICATAIRES.	PRIX de L'ADJUDICATION.	
		Toifes.		liv.	f.
	i	2000	Bitfch de Burnhaupt . . .	750.	#
Route de Lyon à Strasbourg & en Palatinat par Lauterbourg, ... N.º 3.	2	2000	Meyer d'Afpach-le-bas . .	680.	#
	3	2000	Witenberger d'Uffholtz . .	295.	#
	4	2000	Sutter de Berrwiller . . .	395.	#
	5	3002	Miefch de Wittolsheim . .	440.	#
	6	2000	Neef du vieux Thann . . .	500.	#
Route de Brifack en Lorraine par Thann , . . N.º 7.	7	2000	Le fieur Rudler de S. Amarin.	500.	#
	8	2000	Idem	500.	#
	9	2000	Giffy d'Oderen	500.	#
	10	2000	Meny de Mollau	480.	#
Communication de Thann à la jonction de celle des vallées de Murbach à la route de Colmar à Bâle, . N.º 16.	11	2000	Neef du vieux Thann . , .	300.	#
	12	2000	Albrecht du vieux Thann .	300.	#
	13	1125	Miefch de Wittolsheim . .	150.	#
Communication d'Iffenheim à Cernay , ... N. 64.	14	3270	Preymann de Wattwiller .	440.	#
Communication de Delle à Thann, ... N.º 42.	15	4654	Soldner d'Afpach-le-haut .	1020.	#
Route de Lyon à Strasbourg & en Palatinat par Lauterbourg, N.º 3	16	2000	Plumet de Rougemont . . .	1000.	#
	17	2000	Iæger de Maffevaux . . .	900.	#
	18	2000	Villebois de la Chapelle . .	1250.	#
	19	2000	Spetz de Soppe-le-bas . . .	1700.	#
	41054			12100.	#

Q

DÉSIGNATION DES ROUTES, avec le Numéro de chacune, d'après l'État général pour la Province.	Numéros des ateliers du Diftrict.	Étendue de chaque atelier.	NOMS ET DEMEURES DES ADJUDICATAIRES.	PRIX de L'ADJUDICATION.	
		Toifes.		*liv.*	*f.*
De l'autre part	. . .	41054	. . . .	12100.	*f*
Communication de Maffevaux à la grande route de Béfort à Strasbourg, . . *N.° 66.*	20	4000	Gaffer de Lau . . . . , .	500.	*f*
	21	2316	Groener de Burnhaupt. . .	420.	*f*
Communication de Maffevaux aux Errues, . . *N.° 67.*	22	3370	Jæger de Maffevaux . . .	550.	*f*
	23	2642	Pelletier de Felon	400.	*f*
Communication de Maffevaux à Seven, . . . *N.° 91.*	24	1463	Nægele de Siker	225.	*f*
	25	3233	Luttenfchaler de Sewen . .	404.	*f*
Communication de Giromagny à la route de Paris à Béfort, *N.° 70.*	26	3020	Petitjean de Giromagny . .	3020.	*f*
Communication de Béfort en Lorraine par le Ballon de Giromagny, . . *N.° 71.*	27	4000	*Idem*	600.	*f*
	28	4000	*Idem*	150.	*f*
	29	2503	*Idem*	130.	*f*
Route de Béfort à Porentrui & Vaufrey, ... *N.° 5.*	30	2000	Dahi de Grandvillars . . .	290.	*f*
	31	2000	*Idem*	197.	*f*
	32	1354	Girardot de Joncherey. . .	120.	*f*
	33	1746	*Idem*	130.	*f*
Communication de Delle à Thann, ... *N.° 42.*	34	4000	Beugnard de Joncherey . .	700.	*f*
	35	4000	Pierçon de Bretagne . . .	520.	*f*
	36	4000	Wagner de Retzweiler . .	510.	*f*
	37	4000	Henig de Dannemarie . . .	540.	*f*
Route de Paris à Bâle par Béfort, ... *N.° 2.*	38	2000	Pierçon de Bretagne . . .	500.	*f*
	39	2000	Wagner de Retzweiler . .	230.	*f*
	40	2000	Brungard de Dannemarie. .	235.	*f*
	41	2000	Robert de Bretagne	490.	*f*
		102701		22961.	*f*

DÉSIGNATION DES ROUTES, avec le Numéro de chacune, d'après l'État général pour la Province.	Numéros des ateliers du District.	Étendue de chaque atelier.	NOMS ET DEMEURES DES ADJUDICATAIRES.	PRIX de L'ADJUDI-CATION.	
		Toises.		liv.	f.
Ci-contre	. . . .	102701	. . . .	22961.	#
Route de Paris à Bâle par Bé-fort, ... N.º 2.	42	2000	Meunier de Bessoncourt . .	390.	#
	43	2000	Cotjot de Bessoncourt . . .	605.	#
	44	2679	Vasner de Pfaffans	970.	#
Route de Lyon à Strasbourg & en Allemagne par Lauter-bourg, ... N.º 3.	45	2000	Lehman de Roppe	900.	#
	46	2000	Girol de Roppe	700.	#
	47	2000	Weiss de Bavilliers . . .	550.	#
	48	1177	Villaumet d'Argiffans . . .	485.	#
Route de Béfort à Montbel-liard, ... N.º 17.	49	2000	Baret de Botans	340.	#
	50	2000	Lardier de Tretudans . . .	210.	#
	51	2000	Laurent de Chatenoy . . .	380.	#
Communication de Béfort en Lorraine par le Ballon de Giromagny, . . N.º 71.	52	2508	Mouillefeaux d'Andelnaus .	470.	#
	53	4000	Weiss de Bavilliers . . .	595.	#
Communication de Béfort à Offemont, . . . N.º 72.	54	1885	Bermont de Danjustin . . .	600.	#
		130950			

TOTAL du prix des adjudications des ateliers des routes enclavées dans le DISTRICT DE BÉFORT . . . . 30156. #

ÈTAT

É T A T

Des frais de l'Adminiftration provinciale d'Alface, depuis le 20 août 1787 jufqu'au 31 décembre 1788.

COMMISSION INTERMÉDIAIRE.

DÉPENSES FIXES.

Honoraires de MM. les quatre Députés compofant la Commiffion intermédiaire (1), à eux fixés par délibération de l'Affemblée provinciale du 29 novembre 1787, fur le pied de mille livres par an à chacun, faifant lefdits honoraires, pour feize & un tiers de mois, la fomme de *cinq mille quatre cent quarante-quatre livres, huit fous, dix & deux tiers de deniers,* ci . . . . 5,444 l. 8 f. 10⅔ d.

5,444 l. 8 f. 10⅔ d.

(1) Ces honoraires, alloués à MM. les Députés par la décifion de M. le Contrôleur général du 11 août 1788, n'ont été acceptés par eux que pour en difpofer à l'avantage de la province; & ces fonds ont été, de concert avec M. le Préfident & MM. les Procureurs-fyndics provinciaux, appliqués à un objet dont ils fe font réfervé la connoiffance.

De l'autre part . .   5,444 l.   8 f.   10$\frac{2}{3}$d.

Honoraires de M. le Baron de Schauen-
bourg de Herrlisheim , à lui fixés par
la même délibération, en fa qualité de
Procureur - fyndic provincial , à raifon
de 4,800 liv. par an (1), pour feize &
un tiers de mois la fomme de *fix mille
cinq cent trente - trois livres , fix fous ,
huit deniers ,* ci   6,533   6   8

Honoraires de M. Hell, à lui fixés par
la même délibération , en fa qualité de
Procureur-fyndic provincial , à raifon
de 4,800 liv. par an, pour feize & un
tiers de mois, la fomme de *fix mille
cinq cent trente - trois livres , fix fous ,
huit deniers ,* ci   6,533   6   8

Honoraires de M. Mathieu, Secrétaire
provincial , fixés , par la même délibération , à 2800 liv. par an, pour feize &

18,511 l.   2 f.   2$\frac{2}{3}$d.

---

(1) La décifion de M. le Contrôleur général ne fixe, à la vérité, les honoraires
de MM. les Procureurs-fyndics provinciaux qu'à 4,000 liv. par an; mais avant que
cette décifion, poftérieure de huit mois à la délibération de l'Affemblée provinciale, fût parvenue à la Commiffion intermédiaire, elle les avoit déjà fait acquitter
fur le pied de ladite délibération; & en confidérant les frais extraordinaires &
inévitables de leur établiffement dans la ville de Strasbourg , elle a cru devoir les
continuer fur le même pied , d'autant que ces motifs avoient déterminé l'Affemblée
provinciale dans la fixation qu'elle en avoit faite, à raifon de 4,800 liv. par an.

Ci - contre . . . . . 18,511 l. 2 f. 2⅔d.

un tiers de mois, la fomme de *trois mille huit cent onze livres, deux fous, deux & deux tiers de deniers*, ci 3,811   2   2⅔

DÉPENSES VARIABLES.

FRAIS DE BUREAUX.

Appointemens des Commis principaux (1).

M. HOFFMANN , au bureau du bien public, à raifon de 1,500 liv. par an, pour fix mois, la fomme de *fept cent cinquante livres*, ci   750

M. Hombourg, au bureau des impofitions, à raifon de 1,500 liv. par an, pour fix mois , la fomme de *fept cent cinquante livres*, ci   750

M. Kern , au bureau des travaux publics, à raifon de 1,500 liv. par an, pour quatre mois, *cinq cent livres*, ci .   500

M. Mathis , aux archives , à raifon de 1,500 liv. par an, pour quinze mois, la fomme de *dix - huit cent foixante-quinze livres*, ci   1,875

26,197 l. 4 f. 5⅓d.

(1) Ces appointemens ont été réglés fur le pied indiqué par la délibération de l'Affemblée provinciale, & approuvés par la décifion du Miniftre.

De l'autre part. . . . 26,197 l. 4 f. 5⅓ d.

M. Petit, au bureau foreſtal, à raiſon de 1,500 liv. par an, pour quatre
mois, la ſomme de *cinq cent livres*, ci . 500

M. Sommervogel, au bureau de la
comptabilité, à raiſon de 1,500 liv. par
an, pour ſix mois, la ſomme de *ſept
cent cinquante livres*, ci 750

M. Strohé, au bureau de la répartition, à raiſon de 1,500 liv. par an,
pour ſix mois, la ſomme de *ſept cent
cinquante livres*, ci 750

Appointemens de M. Ulrich, inter-
prète, à raiſon de 600 par an, pour
quinze mois, la ſomme de *ſept cent
cinquante livres*, ci 750

*Appointemens des Commis expédition-
naires.*

M. Barbier, à raiſon de 800 liv. par
an, pour quinze mois, la ſomme de
mille livres, ci 1,000

M. Jacquot, à raiſon de 800 liv. par
an, pour ſeize mois, la ſomme de
*mille ſoixante-ſix livres, treize ſous,
quatre deniers*, ci . . . . 1,066 13 4 d.

31,013 l. 17 f. 9⅓ d.

Ci-contre . . . . 31,013 l. 17 f. 9⅓d.

M. Momy , à raifon de 800 liv. par an , pour quatre mois , la fomme de *deux cent foixante-fix livres , treize fous, quatre deniers* , ci   266   13   4

M. Sommervogel, à raifon de 800 liv. par an , pour fept mois , la fomme de *quatre cent foixante-fix livres , treize fous, quatre deniers* , ci   466   13   4

M. Vaudin, à raifon de 800 liv. par an, pour quinze mois, la fomme de *mille livres* , ci   1,000

M. Viné, à raifon de 800 liv. par an, pour dix-huit mois, la fomme de *douze cent livres* , ci   1,200

Gratification aux Commis de M. le Baron de Dietrich, agent de l'Affemblée provinciale à Paris, la fomme de *fept cent vingt livres* , ci   720

Frais de copies extraordinaires , la fomme de *mille quatre-vingt-quinze livres , treize fous, quatre deniers* , ci . .   1,095   13   4

Fournitures de bureaux , la fomme de *trois mille cent cinquante-une livres, cinq fous* , ci   3,151   5

38,914 l. 2 f. 9⅓d.

De l'autre part . . . . . : 38,914 l. 2 f. 9⅓ d.

Chauffage & lumières, la somme de *treize cent vingt-huit livres, dix-sept sous, dix deniers*, ci 1,328   17   10

Ports de lettres & messages, la somme de *deux mille quatre cent cinquante-trois livres*, ci 2,453

Frais d'impression, la somme de *douze mille deux cent dix - sept livres, seize sous* (1), ci 12,217   16

DÉPENSES DIVERSES.

FRAIS de loyer & de réparations, la somme de *trois mille huit cent trente-neuf livres, douze sous*, ci 3,839   12

58,753 l. 8 f. 7⅓ d.

---

(1) Les frais d'impression, que les Bureaux intermédiaires se sont vus dans le cas d'ordonner pour circulaires, affiches, états, &c. sont compris dans cet article, ayant été acquittés par la Commission intermédiaire.

La nécessité de faire imprimer, dans les langues françoise & allemande, toutes les ordonnances & instructions, la traduction en allemand du Procès-verbal de l'Assemblée, dont chaque communauté a reçu un exemplaire, ainsi que les modèles d'états, pour parvenir, tant à la confection d'un cadastre universel, qu'aux renseignemens de tout genre que la Commission intermédiaire a dû recueillir, pour s'assurer de toutes les connoissances que les diverses localités de la province lui rendoient nécessaires ; d'autres objets, enfin, d'utilité publique, ne lui ont pas permis de modérer plus rigoureusement cet objet de dépense qu'il étoit impossible de prévoir, ni de fixer avec quelque précision : & elle n'a eu aucun secours, ni aucune notion des fonds qui faisoient face à ces frais, sous l'administration de M. l'Intendant.

Ci-contre . . . . . 58,753 l. 8 f. 7⅓ d

Frais d'ameublement & achat d'uften-
files, la fomme de *fix mille quatre cent
quatre-vingt-treize livres, dix fous, quatre
deniers* (1), ci 6,493 10 4

Gages des huiffiers & concierge, la
fomme *de neuf cent foixante-dix-fept
livres, fix fous, huit deniers*, ci . . . 977 6 8

BUREAUX INTERMÉDIAIRES.

Dépenfes fixes pour tous les Bureaux.

HONORAIRES de MM. les Procureurs-fyndics, fixés à raifon de 1500
liv. à chacun d'eux par an, pour
feize & un tiers mois, la fomme de
quatre mille quatre-vingt-trois livres,   Liv. f. d.
fix fous, huit deniers, ci 4083 6 8

Le Secrétaire, à raifon de 1200 l.
par an, pour feize & un tiers mois,
la fomme de *feize cent trente-trois
livres, fix fous, huit deniers*, ci . 1633 6 8
                                       ―――――――
TOTAL pour chaque Bureau . . 5716 13 4

Ce qui donne, pour les fix Bureaux,
la fomme de *trente-quatre mille trois cent
livres*, ci 34,300
                                      ――――――――――――
                              100,524 l. 5 f. 7⅓ d.

(1) Cet article ne comprend que des objets dont l'achat étoit indifpenfable,
comme bureaux, rayons, &c., & qui pourront fervir dans tel local que la Commiffion intermédiaire occupera.

De l'autre part . . . . .100,524l. 5f. 7⅓d.

Dépenses variables & diverses.

BUREAU DE WISSEMBOURG.

FRAIS de copies extraordinaires, Liv. f. d.
la fomme de *onze cent quatre-vingt-
quatre livres, quinze fous, quatre
deniers*, ci 1184 15 4

Fournitures de bureaux, la fomme
de *trois cent trente-une livre, dix-
huit fous, fix deniers*, ci 331 18 6

Frais de chauffage & de lumière,
la fomme de *cent foixante-trois
livres, quatre fous*, ci 163 4

Frais de ports de lettres & mef-
fages, la fomme *de mille foixante-
fept livres, treize fous*, ci 1067 13

Frais d'impreffion, acquittés par
la Commiffion intermédiaire.

Frais de loyer & de réparation.

Frais d'ameublement & uftenfiles,
la fomme de *cent quatre-vingt livres,
quatre fous*, ci 180 4

           2,927   14   10

BUREAU DE HAGUENAU.

Frais de copies extraordinaires, Liv. f. d.
la fomme de *onze cent dix-fept l.* ci . 1117
Fournitures de bureaux, la fomme

____

103,452l. —f. 5⅓d.

Ci-contre . . . . 103,452 l. — f. 5⅓d.

de *quatre cent neuf livres, deux fous,* Liv. f. d.
ci . . . .   409 2 -

    Frais de chauffage & lumières,
la fomme de *deux cent vingt-neuf
livres,* ci . . . .   229 - -

    Frais de ports de lettres & mef-
fages, la fomme de *trois cent trente-
deux livres, deux fous,* ci . . . .   332 2 -

    Frais d'impreffion, acquittés par
la Commiffion intermédiaire . . .   - - -

    Frais de loyer & de réparations,
la fomme de *quatre cent foixante-
trois livres, quatre fous,* ci . . .   463 4 -

    Frais d'ameublement & uftenfi-
les, la fomme de *deux cent foixante-
douze livres, dix-huit fous,* ci . .   272 18 -

    Gages du garçon de bureau, la
fomme de *cent quatre-vingt-fept
livres, dix fous,* ci . . . .   187 10 -

                           3,010 16

BUREAU DE SÉLESTATT.

    Frais de copies extraordinaires, Liv. f. d.
la fomme de *douze cent huit livres,
huit fous,* ci . . . .   1208 8 -

    Fournitures de bureaux, la fom-
me de *quatre-vingt-dix livres, deux
fous,* ci . . . .   90 2 -

106,462 l. 16 f. 5⅓d.

De l'autre part . . 106,462 l. 16 f. 5⅓d.

Frais de chauffage & de lumiéres,   Liv.   f.   d.
la fomme de *cent foixante-dix livres,*
quinze fous, ci . . . .   170 15 -

Frais de ports de lettres & mef-
fages, la fomme de *cent cinquante-*
fept livres , quatre fous, ci . . .   157   4 -

Frais d'impreffion, acquittés par
la Commiffion intermédiaire. . . -   — - -

Frais de loyer & de réparations,
la fomme de *fix cent trente-cinq*
livres , deux fous, ci   635   2 -

Frais d'ameublement & uftenfi-
les , la fomme de *quatre cent qua-*
tre-vingt-une livres , fix fous, ci..   481   6 -

Gages du garçon de bureau, la
fomme de *trois cent trente-deux*
livres, feize fous, ci . . . .   332 16 -

                                }   3,075   13

BUREAU DE COLMAR.

Frais de copies extraordinaires,   Liv.   f.   d.
la fomme de *treize cent trente-fept*
livres, ci . . . .   1337 - -

Fournitures de bureaux , la
fomme de *trois cent quatre-vingt-*
cinq livres , ...   385 - -

Frais de chauffage & lumiéres,
la fomme de *quatre cent huit livres ,*
fix fous , huit deniers   408   6 8

                              109,538 l. 9 f. 5⅓d.

Ci contre . . . . .109,538 l. 9 f. 5⅓ d.

	Liv.	f.	d.		
Frais de ports de lettres & messa-ges, la somme de *cent trente livres*, ci	130	-	-		
Frais d'impression, acquittés par la Commission intermédiaire.					3,074 · 13 · 9
Frais de loyer & réparations, la somme de *quatre cent soixante-seize livres, un sou, un denier*, ci .	476	1	1		
Frais d'ameublement & ustensiles, la somme de *deux cent livres*, ci .	200	-	-		
Gages du garçon de bureau, la somme de *cent trente-huit li-vres, six sous*, ci	138	6	-		

BUREAU D'HUNINGUE.

	Liv.	f.	d.		
Frais de copies extraordinaires, la somme de *neuf cent vingt liv.* ci	920	-	-		
Fournitures de bureaux, la somme de *trois cent quatre-vingt-six livres, cinq sous*, ci	386	5	-		
Frais de chauffage & lumières, la somme de *cent vingt livres*, ci .	120	-	-		
Frais de ports de lettres & mes-sages, la somme de *sept cent cin-quante livres, huit sous*, ci . . .	750	8	·		2,894 · 13
Frais d'impression, acquittés par la Commission intermédiaire. . . .	-	-	-		

115,507 l. 16 f. 2⅓ d.

De l'autre part . . . . 115,507 l. 16 f. 2⅓ d.

Frais de loyer & réparations. Liv. f. d.

Frais d'ameublement & uften-files, la fomme de *fept cent dix-huit livres* , ci . . . . 718 - -

Gages du garçon de bureau. — - -

BUREAU DE BÉFORT.

Frais de copies extraordinaires, Liv. f. d.
la fomme de *quinze cent livres*, ci . 1500 - -

Fournitures de bureau , la fomme de *deux cent quarante livres*, ci . . . . 240 - -

Frais de chauffage & de lumiéres, la fomme de *cent cinquante livres*, ci 150 - -

Frais de ports de lettres & meffa-ges , la fomme de *cent cinquante livres* , ci . . . . 150 - - } 2,492

Frais d'impreffion , acquittés par la Commiffion intermédiaire. . . — - -

Frais de loyer & de réparations, la fomme de *foixante-douze livres*, ci 72 - -

Frais d'ameublement & uftenfi-les , la fomme *trois cent vingt livres*, ci . . . . 320 - -

Gages du garçon de bureau, la fomme de *foixante livres* , ci . . 60 - -

TOTAL, *Cent dix-fept mille neuf cent quatre-vingt-dix-neuf livres , feize fous, deux & un tiers deniers* , ci . . . . 117,999 l. 16 f. 2⅓ d.

RÉCAPITULATION.

DÉPENSES FIXES.

		Liv. f. d.	Liv. f. d.	Liv. f. d.
Membres {	Commiffion intermédiaire	5444 8 10⅔	} 5444 8 10⅔	
	Bureaux intermédiaires	= = =		
Procur. fyndics {	Commiffion intermédiaire	13066 13 4	} 37566 13 4	} 56622 4 5⅓
	Bureaux intermédiaires	24500 = =		
Secrétaires {	Commiffion intermédiaire	3811 2 2⅔	} 13611 2 2⅔	
	Bureaux intermédiaires	9800 = =		

DÉPENSES VARIABLES.

Frais de bureaux, Appointemens, Gratifications & Salaires des Secrétaires, Commis & Copiftes.

	Liv. f. d.	Liv. f. d.	Liv. f. d.
Commiffion intermédiaire		13440 13 4	} 20707 16 8
Bureau de Wiffembourg 1184 15 4	}		
de Haguenau . . . . 1117 = =	} 7267 3 4		
de Séleftatt . . . . 1208 8 =			
de Colmar . . . . 1337 = =			
d'Huningue . . . . 920 = =			
de Béfort. . . . . 1500 = =			

Fournitures de Bureaux.

	Liv. f. d.	Liv. f. d.	Liv. f. d.
Commiffion intermédiaire		3151 5 =	} 4993 12 6
Bureau de Wiffembourg 331 18 6	}		
de Haguenau . . . . . . 409 2 =	} 1842 7 6		
de Séleftatt . . . . . . 90 2 =			
de Colmar . . . . . . 385 = =			
d'Huningue . . . . . . 386 5 =			
de Béfort . . . . . . 240 = =			

82323 13 7½

T

	Liv.	s.	d.
De l'autre part	82323	13	7½

Frais de chauffage & de lumières.

	Liv.	s.	d.	Liv.	s.	d.	Liv.	s.	d.
Commiſſion intermédiaire				1328	17	10	2570	3	6
Bureau de Wiſſembourg	163	4	»	1241	5	8			
de Haguenau	229	»	»						
de Séleſtatt	170	15	»						
de Colmar	408	6	8						
d'Huningue	120	»	»						
de Béfort	150	»	»						

Frais de Ports de lettres & Meſſages.

	Liv.	s.	d.	Liv.	s.	d.	Liv.	s.	d.
Commiſſion intermédiaire				2453	»	»	5040	7	»
Bureau de Wiſſembourg	1067	13	»	2587	7	»			
de Haguenau	332	2	»						
de Séleſtatt	157	4	»						
de Colmar	130	»	»						
d'Huningue	750	8	»						
de Béfort	150	»	»						

Frais de loyer & Réparations.

	Liv.	s.	d.	Liv.	s.	d.	Liv.	s.	d.
Commiſſion intermédiaire.				3839	12	»	5485	19	1
Bureau de Wiſſembourg	»	»	»	1646	7	1			
de Haguenau	463	4	»						
de Séleſtatt	635	2	»						
de Colmar	476	1	1						
d'Huningue	»	»	»						
de Béfort	72	»	»						
							95420	3	2½

	Liv.	f.	d.
Ci-contre	95420	3	2⅓

Frais d'impreſſion.

	Liv.	f.	d.			
Commiſſion intermédiaire	12217	16	⸗	}	12217 16 ⸗	
Bureaux intermédiaires	⸗	⸗	⸗			

Frais d'ameublement & uſtenſiles.

	Liv.	f.	d.		
Commiſſion intermédiaire	6493	10	4		
	Liv.	f.	d.		
Bureau de Wiſſembourg	180	4	⸗		8665 18 4
de Haguenau	272	18	⸗		
de Séleſtatt	481	6	⸗	2172 8 ⸗	
de Colmar	200	⸗	⸗		
d'Huningue	718	⸗	⸗		
de Béfort	320	⸗	⸗		

Gages des Huiſſiers & Concierges.

	Liv.	f.	d.		
Commiſſion intermédiaire	977	6	8		
	Liv.	f.	d.		
Bureau de Wiſſembourg	⸗	⸗	⸗		1695 18 8
de Haguenau	187	10	⸗		
de Séleſtatt	332	16	⸗	718 12 ⸗	
de Colmar	138	6	⸗		
d'Huningue	⸗	⸗	⸗		
de Béfort	60	⸗	⸗		

	Liv.	f.	d.
TOTAL, la ſomme de *Cent dix-ſept mille neuf cent quatre-vingt-dix-neuf livres, ſeize ſous, deux & un tiers deniers,* ci . .	117999	16	2⅓

RÉCAPITULATION GÉNÉRALE.

DÉPENSES FIXES.

		Liv.	S.	D.
COMMISSION INTERMÉDIAIRE ... 22322 l. 4 f. $5\frac{1}{3}$ d.	}	56622	4	$5\frac{1}{3}$
BUREAUX INTERMÉDIAIRES .... 34300　≠　≠				

DÉPENSES VARIABLES.

COMMISSION INTERMÉDIAIRE... 43902 l. 1 f. 2 d.	}	61377	11	9
BUREAUX INTERMÉDIAIRES .... 17475　10　7				

	Liv.	S.	D.
TOTAL	117999	16	$2\frac{1}{3}$
Tare des facs, à 6 ₰ pour £	29	10	
	118029	6	$2\frac{1}{3}$
Intérêts à 5 p^r ‰, pour dix-huit mois, à l'inftar des frais communs généraux	8852	3	$11\frac{2}{3}$
	126881	10	2
Taxations à quatre deniers pour livre	2114	13	10
TOTAL GÉNÉRAL, la fomme de *Cent vingt-huit mille neuf cent quatre-vingt-feize liv. quatre fous*, ci	128996	4	≠

L'ASSEMBLÉE provinciale a defiré que le montant des frais de fon adminiftration fût réparti au marc la livre des vingtièmes, & la province doit efpérer que le Gouvernement approuvera fa délibération. Portant fur toutes les claffes des contribuables, cette charge fera moins fenfible à la plus pauvre, qui, ayant peu de biens-fonds & d'induftrie, paie moins de vingtièmes, comme elle retire moins d'avantages de la nouvelle administration.

Les taxations des vingtièmes font de 8 deniers pour livre; mais les fonds à faire n'ayant pour objet qu'une dépenfe intérieure de la province, ils ne font pas dans le cas d'être verfés au tréfor royal; & c'eft ce motif qui a décidé à réduire les taxations à quatre deniers pour livre, dont deux deniers pour les Baillis & deux deniers pour les Receveurs particuliers des finances.

Enfin, les intérêts ont été fixés comme pour les frais communs généraux, parce que, les Receveurs des finances ayant fait les avances des frais d'administration, qui ne feront recouvrés que dans la préfente année, il eft jufte que les intérêts de leurs avances leur foient bonifiés.

FAIT & arrêté à Strasbourg, le 15 février 1789, par Nous les Députés compofant la Commiffion intermédiaire provinciale d'Alface. *Signé* le Bailli de FLACHSLANDEN, l'Abbé de NEUBOURG, le Baron de FALKENHAYN, TURCKHEIM, SCHWENDT, le Baron de SCHAUENBURG, Procureur-fyndic provincial, HELL, Procureur-fyndic provincial.

F I N.

www.ingramcontent.com/pod-product-compliance
Lightning Source LLC
Chambersburg PA
CBHW061242060726
47596CB00002B/386